Trucos de Cocina

Secretos y consejos superprácticos
de gastronomía casera

Esther García-Valdecantos

© 1998, Editorial ÁGATA
© Esther García-Valdecantos
C/ San Rafael, 4
28108 Alcobendas (Madrid)
Tel.: 91 657 25 80 - Fax: 91 657 25 83
e-mail: libsa@libsa.redestb.es

Depósito Legal: M-24764-1998
I.S.B.N.: 84-8238-322-1

Impreso en España/*Printed in Spain*

Sumario   Página

Introducción

La cocina no es un arte fácil.

Es verdad que cualquiera puede cocinar un plato ateniéndose a los ingredientes, las cantidades y la explicación de la receta. Ahora bien, si esto fuera así de literal, ¿por qué algunos tienen tanta "mano" para la cocina?, ¿es suerte, habilidad, experiencia?, ¿se trata de un don?

Seguramente la respuesta está en un término medio, es decir, que los buenos cocineros tienen un don especial pero también que la cocina es experiencia y conocimiento. Y es aquí donde aparecen los trucos. Se habrá topado muchas veces con cocineros que no quieren dar sus recetas.

Quizás es porque dentro de esa receta lo importante es el truco que hace que salga bien.

Los trucos en cocina es algo más que darle la vuelta a la chistera para ver si sale un conejo o una paloma.

Es verdad que hay trucos verdaderamente sorprendentes que funcionan. Pero por lo general, los trucos de cocina son esos detalles imprescindibles para conseguir que algo salga redondo, es decir, que la pasta no se pase, que el arroz no se pegue o que las judías no estén duras.

Unas veces, los trucos que han llegado hasta hoy en día son producto de la casualidad más absoluta y otras -la mayoría- son el resultado del sentido común, la experiencia o el tesón para conseguir algo que antes no funcionaba.

Este es un libro de trucos sencillos. Algunos parecerán algo enrevesados al leerse por vez primera pero, inténtelo de nuevo y léalo con detenimiento.

Además de trucos propiamente dichos, en este libro abundan también los consejos y alguna información, que sin ser un truco, sí puede ayudar mucho a agilizar el proceso culinario.

Más que con ninguna otra cosa, la experiencia es básica en la cocina. Y quizás un día, por casualidad o por equivocación, probando algo, descubra un buen truco que legar a las generaciones venideras. Suerte.

Glosario Indispensable

1. *Glosario Indispensable*

Ni que decir tiene que el conocimiento de esos tecnicismos que se usan en cocina como blanquear o albardar, son un requisito indispensable a la hora de emprender una tarea culinaria. Difícilmente se podrán entender muchos trucos si no se tienen en la cabeza los conceptos básicos de cocina.

Si no se tienen memorizados y asimilados será un engorro siquiera empezar a seguir la receta, ya que habrá que recurrir continuamente al glosario.

En cualquier caso, los incluimos para que puedan ser consultados siempre. De todos modos, ¡ánimo!, sólo con memorizar algunos conceptos sencillos se tendrá mucho ganado.

ABRILLANTAR.—Dar un brillo a un alimento normalmente antes de introducirlo en el horno. Se suele utilizar algún tipo de jalea, mermelada, mantequilla o jugo tanto para dulce como para salado, siendo normalmente para dulces, tartas o bollos el empleo de yema de huevo rebajada con un poco de agua.

Para facilitar esta tarea conviene hacerse con un pincel de nailon.

ACARAMELAR.—Reducir el azúcar hasta que llegue a punto de caramelo para luego bañar algo con el azúcar a este punto. Para conseguir que el azúcar llegue a punto de caramelo hay que cocer a fuego fuerte 4 cucharadas de azúcar con una de agua.

Cuando empieza a espesar, se añaden unas gotas de limón dejándolo en el fuego hasta que se ponga dorado.

Mientras se esté haciendo el caramelo no hay que revolver con ninguna cuchara.

ADEREZAR.—Consiste en completar o añadir a una preparación los ingredientes necesarios para una buena presentación. Es adornar o sazonar un plato.

ADOBAR.—Es la preparación de carnes o pescados en crudo, para freírlos o guisarlos, después de tenerlos unas horas o días en adobo.

El adobo es un compuesto de vinagre, sal, orégano, ajos y pimentón que se prepara para sazonar y conservar la carne, el pescado y otros alimentos.

AGITAR.—Su mismo nombre lo indica. Se trata de mover con violencia y con frecuencia un líquido o salsa.

ALBARDAR.—Cubrir o envolver con lonchas finas de tocino piezas de carne o aves, con la intención de que el calor del fuego no las reseque. Conviene sujetar el tocino con hilo especial para esta operación.

ALMÍBAR.—Es el resultado de cocer azúcar disuelta en agua hasta que se convierta en jarabe. La proporción depende de la cantidad que se vaya a hacer pero puede ser de 4 cucharas por cada medio vaso de agua.

AMALGAMAR.—Mezclar diversos ingredientes, uniendo alimentos con condimentos, con una buena textura, es decir, bien mezclada.

ARMAR.—Con una aguja larga con hilo, coser las patas y las alas de las aves para que conserven su forma. Conviene quitar el hilo media hora antes de retirar el asado del fuego para que no se queden las marcas del hilo al que se denomina bramante.

ASADOS.—Se entiende por asado todo lo que se asa al horno y se sirve en su propio jugo.

AZÚCAR GLASÉ.—Es la mezcla de tres partes de azúcar, reducido a polvo, con una parte de fécula de arroz. Se puede moler con una batidora.

BAÑAR.—Cubrir totalmente un alimento con salsa, caldo o agua, utilizando un cucharón. También se emplea esta palabra cuando se cubren con un pincel y huevo batido pastas, pasteles y demás.

BAÑO MARÍA.—Cocer o calentar un alimento que no está en contacto directo con el fuego sino que está metido dentro de otro recipiente que contiene agua.

BLANQUEAR.—Cocer en agua fría carnes, pescados, etc... hasta hacerlos llegar al punto de ebullición. Realizando esta operación lo que se consigue es mayor blancura en los alimentos.

También se blanquean las piezas de ternera o cerdo que necesitan hacerse más flexibles, como la cabeza, manos o vísceras y porque en general facilita su limpieza.

BESAMEL.—Salsa compuesta de harina y leche.

BRASEAR.—Rehogar (se explicará más tarde) o cocer lentamente verduras o carne en la salsa que la acompaña, normalmente de verduras finamente cortadas, añadiendo caldo, vino o salsa.

Lo correcto es hacerlo en una cazuela herméticamente cerrada llamada brasera.

BRIDAR.—Coser las alas y muslos de las aves para darle buena forma para su presentación. Significa lo mismo la palabra armar.

CALDO CORTO O "FUMET".—Caldo para cocer pescados o mariscos. Se prepara con agua, algunas verduras, especias y vino, vinagre o leche, hervido a fuego lento durante 20 minutos.

COCER.—Calentar alimentos en agua hirviendo para que se ablanden.

COLOREAR.—Dar color a un caldo o salsa utilizando una cebolla, huesos tostados en el horno o azafrán.

CONCASÉ.—Picar gruesamente. Generalmente se aplica a las verduras.

CONFITAR.—Consiste en cubrir frutas con un baño de azúcar o de cocer frutas en almíbar.

COMPOTA.—Cocer frutas en un almíbar ligero.

CORDÓN.—Se trata de un hilo fino en forma de raya que se hace para adornar un plato. Siempre es de una composición distinta de la preparación que se adorna.

DECANTAR.—Traspasar lentamente el líquido de un recipiente a otro para dejar el poso en el fondo.

DESANGRAR.—Sumergir en agua fría un trozo de carne o de pescado para que pierda la sangre y quede blanqueado.

DESLEIR.—Disolver una sustancia sólida en un líquido.

DORAR.—Freír un alimento hasta que se forme una película dorada que lo sella y evita que se salgan los jugos durante la cocción.

EMPANAR.—Envolver un alimento en pan rallado para freírlo. El pan rallado se hace fácilmente rallando la corteza del pan duro de días anteriores.

Para que los alimentos queden con un color rubio, basta con quitar la corteza a un pan candeal y rallar exclusivamente la miga.

Aunque el término empanar surja de la palabra pan, también se entiende por empanado un alimento al que se reboza de huevo antes de freírse.

ENHARINAR.—Envolver un alimento en harina para freír o rehogar. Es conveniente sacudir el exceso de harina por un cedazo o colador, para pasar al huevo, o directamente al aceite.

ESCABECHAR.—Conservar la carne o el pescado en un caldo frío realizado con aceite, vinagre, sal, hierbas y especias.

ESCALDAR.—Cocer brevemente los alimentos, para ablandarlos o poder pelarlos más fácilmente.

ESCALFAR.—Cocer un alimento en agua muy caliente para que cuaje o termine de cocinarse.

ESPOLVOREAR.—Cubrir ligeramente un alimento con queso rallado, perejil, miga de pan, azúcar, etcétera.

ESPUMAR.—Retirar la espuma con las impurezas que se forman en la superficie de un caldo o salsa. Esto es importante hacerlo siempre.

ESTOFADO.—Guiso en el que se ponen todos los ingredientes crudos y a cocer al mismo tiempo.

FLAMBEAR.—Rociar una preparación con un licor caliente y prenderla fuego.

FONDO.—Son los ingredientes básicos de una salsa, compuesto de caldo de huesos y deperdicios braseados, que se emplea para remojar los guisos de salsas.

El fondo oscuro se prepara con carnes de buey y ave y el claro con harina y mantequilla hasta conseguir un tono dorado.

GELATINA.—Es una sustancia blanda, transparente, brillante e insípida, que se obtiene cociendo algunas partes del animal que contienen gelatina como los huesos, tendones, manos o espinas y piel de pescado.

También se prepara de frutas, que se obtiene cociendo sus pieles y semillas. La gelatina para platos se suele aromatizar con algún tipo de vino aromático.

GLUCOSA.—Azúcar que se encuentra en las frutas y en varios frutos vegetales.

GRATINAR.—Tostar en el horno los alimentos cubiertos de una capa de pan o queso rallado hasta que tomen un color dorado.

También se gratinan los postres cubiertos de preparaciones de azúcar y huevo.

GUARNICIÓN.—Alimentos que se preparan para acompañar el plato principal, ya sea de carne o de pescado. Normalmente son vegetales o setas, pero también pueden ser huevos duros o trufas y cualquier alimento que complemente y adorne el plato.

HOJALDRE.—Masa compuesta de mantequilla, azúcar, harina y agua, elaborada de modo especial y que al cocer en el horno sale en hojas doradas superpuestas.

JARABE.—Es una bebida dulce parecida al almíbar, compuesta de agua y azúcar con esencias o zumos refrescantes.

JULIANA.—Consiste en cortar en tiras finitas las verduras y hortalizas aunque se puede utilizar también para las frutas.

LIGAR.—Espesar con algún tipo de fécula en un poco de agua o vino, una salsa o cualquier otro preparado, para despúes dar un hervor a todo el conjunto para que tome cuerpo.

MACEDONIA—Mezcla de frutas o verduras cortadas en cuadraditos y mezcladas entre sí.

MACERAR.—Cubrir durante algún tiempo con vino, vinagre, jarabe o licores algunas frutas, para que tomen el sabor del líquido que las cubre. También se emplea este término para la carne, aunque su término auténtico es marinar.

MAJAR.—Machacar y aplastar en el mortero ciertos alimentos hasta convertirlos en una pasta fina. Si majamos ajos, un puñadito de sal evita que salten y se escurran.

MARINAR.—Sumergir carnes, pescados y a veces vegetales, en un líquido con vinagre o aromatizado, para su cocción o conservación, y algunas piezas de caza para que sean más tiernas.

Con la cocción se conserva mucho tiempo.

MAZAPÁN.—Pasta que se hace con almendras molidas y azúcar.

MECHAR.—Introducir en la carne con una aguja especial tiras de jamón, tocino o trufa. Con esto se consigue que la carne tenga un sabor más sabroso.

MERMELADA.—Puré de frutas preparado con azúcar o miel.

MOJAR.—Añadir un poco de agua, caldo o vino a cualquier guiso o salsa para preparar la cocción.

MONTAR.—Batir la nata o las claras de huevo hasta que se solidifiquen. Para las salsas este término también sirve. Si se quiere que una salsa espese hay que batirla mientras se añade mantequilla y otra materia grasa hasta que adquiera cuerpo.

NAPAR.—Cubrir o bañar por completo un alimento con una salsa espesa.

PUNTO DE NIEVE.—Batir las claras de huevo hasta que adquieran consistencia y se vuelvan blancas.

REBOZAR.—Pasar un alimento después de salpimentado por huevo batido y pan rallado.

REDUCIR.—Concentrar un líquido, caldo o salsa cociéndolo para que pierda agua por ebullición.

REHOGAR.—Freír trozos de carne, pescado y demás antes de cocerlos.

14

También es dar vueltas en fuego vivo a ciertos ingredientes para que adquieran un color bonito antes de añadir la salsa o el caldo, momento en el que se baja el fuego al mínimo.

RELLENAR.—Llenar el interior de un preparado de distintas clases de picadillo.

SALSEAR.—Cubrir un preparado de salsa o el fondo de una fuente o todo el plato con salsa.

SALPICÓN.—Alimentos mezclados y cortados en trozos pequeños y regulares.

SALTEAr.—Cocer vivamente en poquísima grasa un alimento sin que se pegue o tueste, dando saltos pequeños al mango de la sartén.

SANCOCHAR.—Hervir o guisar un alimento sin que se haga completamente.

SAZONAR.—Condimentar un alimento con sal y especias.

SOASAr.—Asar ligeramente un manjar.

SOFLAMAR.—Tostar ligeramente con la llama.

SOFREÍR.—Freír ligeramente en aceite o grasa unos ingredientes para la preparación de un guisado. Generalmente el sofrito es de ajo y cebolla finamente picados.

SUDAR.—Poner un pescado o carne en una cacerola con algunas grasas o líquidos, tapado herméticamente.

TRABAR.—Espesar un líquido. Ligarlo.

TAPIZAR.—Revestir el interior de un molde con una ligera capa de pasta.

TORNEAR.—Dar forma redondeada a los alimentos con un cuchillo; por ejemplo, las hortalizas para guarnición de un plato.

ZUMO.—El líquido de la naranja, del limón o de cualquier fruta.

Pesos y Medidas Populares

2. Pesos y Medidas Populares

Hay que reconocer que la comodidad de saber cuántos gramos de azúcar hay en una cucharada de café sin tener que medirlo, ayuda mucho y puede entenderse como un truquillo muy útil que hay que tener en cuenta. Combinar las cantidades exactas (más o menos) de sal, azúcar, harina, agua, especias y demás es fundamental en cocina, ya que de la acertada combinación de los elementos depende un buen resultado o un resultado pésimo.

En cuanto a las cantidades que cada persona requiere, es un apartado especialmente útil para quienes no tienen las tablas necesarias para calcular "a ojo de buen cubero" las cantidades más o menos exactas que hay que utilizar, dependiendo de si son tres, seis o doce comensales.

En cuanto a equivalencias:

(1 onza = 28,34 g)

Para líquidos

1 cucharada de café equivale a..............	5 gr
1 cucharada de postre equivale a	10 gr
1 cuchara de sopa equivale a................	15 gr
1 taza de café equivale a	100 gr
1 vaso de agua equivale a.....................	250 gr

Para sólidos

	Cuchara de café	
Azúcar molida............	4-5 gr	0,4114 onz
Harina de trigo	2 gr	0,0705 onz
Harina de legumbres ..	2 gr	0,0705 onz
Fécula de patata..........	3 gr	0,1058 onz

	Cuchara de café	
Crema de arroz...........	4 gr	0,414 onz
Tapioca	3 gr	0,1058 onz
Arroz en grano	4 gr	0,4114 onz
Cacao........................	2 gr	0,0705 onz
Sal fina	5 gr	0,1764 onz
Mantequilla	5 gr	0,1764 onz

¿Qué cantidad requiere cada persona?

(Hay que aclarar en este apartado que las cantidades depen-
den del apetito de cada cual y de los hábitos, pero que aun así
existe una media general en lo que respecta a cantidades por
persona.)

Por persona

Arroz..	100 gramos
Judías, lentejas, etc	100 gramos
Macarrones	75 gramos
Carne (filete)....................................	125 gramos
Carne guisada	200 gramos
Pescado...	200 gramos
Verdura de hojas	350 gramos
Coliflor, alcachofa, etc....................	200 gramos
Habas con vainas	450 gramos
Guisantes	300 gramos
Patatas...	125 gramos
Setas..	125 gramos
Pan	200 gramos
Caldo de sopa	250 gramos
Pasta para sopa	70 gramos
Espagueti	85 gramos

Trucos para Comprar Bien

3. *Trucos para Comprar Bien*

Muchas personas se preguntan cómo reconocer la buena/mala calidad de los alimentos que adquirimos en el mercado. Veamos algunos trucos.

Afortunadamente, a estas alturas de siglo, la ciencia ha facilitado tanto la conservación de los alimentos que en lo único que conviene estar más alerta es en los alimentos frescos. Es relativamente fácil, por tanto, comprar lo necesario sin riesgo a llevar alimentos en mal estado. No obstante, no está de más dar algunas pistas.

Normalmente la calidad de las legumbres viene ya dada por el empaquetado en el que se especifica la fecha de envasado y la fecha de caducidad.

Aún así conviene comprobar que la producción de las lentejas, por ejemplo, sea de ese mismo año, porque si no están muy duras y ya en un caso extremo, comprobar que no tengan bichos, situación poco probable ya que desvelaría una falta de control sanitario flagrante.

En el caso de las judías blancas es conveniente controlar la fecha de recolección y consumir las que sean de ese mismo año, ya que de lo contrario pueden resultar demasiado duras.

¿Cómo elegir las verduras, hortalizas y legumbres?

Tanto las acelgas, como el apio, las berenjenas, las alcachofas, los calabacines y todas en general, de lo que se trata es de

que sean lo más frescas posible, que no tengan mechas amari-
llas, que estén lustrosas, es decir, que tengan en definitiva "un
buen aspecto".

En el caso de las alcachofas la mejor manera de saber si
están frescas, o no, es doblando una de sus hojas. Si se parten
es que están frescas, si no lo están entonces la hoja se doblará,
pero no se partirá.

Además de esto, que es más de sentido común y de experiencia que de ninguna otra cosa, lo que hay que tener en cuenta es que lo más conveniente es comprar las verduras de temporada.

Para esto, basta con tener un conocimiento básico de cuales
son las verduras que corresponden a cada temporada al igual
que ocurre con la fruta.

Sirva al respecto el siguiente calendario anual de hortalizas.

Invierno: remolacha, acelga, repollo, alcachofa, cardo,
zanahoria, coliflor, col de Bruselas, escarola, nabo, cebolla,
hinojo, endivia, lechuga, patata, puerro, rábano, apio, espinaca,
berza, calabaza, achicoria, berro

PRIMAVERA: espárrago, alcachofa, zanahoria, col, cebolla,
berro, judía tierna, haba, endivia, lechuga, patata, pimiento,
tomate, seta, puerro, nabo, rábano, apio, espinaca, calabacín,
remolacha, pepino, berenjena, patata, guisante.

VERANO: remolacha, acelga, zanahoria, pepino, berro,
cebolla, judía tierna, judía, seta, endivia, lechuga, berenjena,
patata, pimiento, guisante, tomate, apio, espinaca, calabacín,
col, rábano.

Otoño: remolacha, acelga, zanahoria, coliflor, pepino, cebolla, judía tierna, judía, seta, endivia, lechuga, berenjena, patata, pimiento, tomate, nabo, apio, espinaca, calabacín, cardo, col, escarola, nabo, hinojo, seta, puerro, calabaza.

En general está, mucho más en su punto una hortaliza cuando es de temporada que las que se cultivan en huertas alternativas para que estén presentes todos los meses del año en los mercados.

Para todas las hortalizas, legumbres y verduras sirve el mismo consejo. Conviene fijarse en cuál es su aspecto natural y huir de las manchas amarillentas, de los golpes, de que no se haya contagiado con sus compañeras de caja y procurar comprar los productos del país, porque indudablemente el proceso hasta llegar a los mercados ha sido más corto y por lo tanto, menos peligroso para la salud de los alimentos.

Esta regla sirve especialmente en el caso de las patatas porque no tienen que tener manchas de ningún tipo, sobre todo de color verde, lo que indicaría que tienen una sustancia tóxica para el organismo.

Al elegir las berenjenas, por ejemplo, hay que fijarse que tengan forma alargada de pera y que resulten pesadas al cogerlas. Las que más pesan son las que tienen menos semillas.

¿Qué fruta conviene comprar?

Con la fruta pasa un poco lo mismo que con las verduras. Conviene comprarla de temporada y, a no ser que se necesite lo contrario, comprar la fruta cuando no esté ni muy pasada ni muy verde.

Esto es así porque si se compra muy pasada, el simple viaje desde el "súper" a casa va a producirle golpes que le van a afectar y muy verde no es bueno porque muchas veces se recoge la fruta forzando su proceso de maduración e introduciéndola en cámaras de calor. El resultado es que aunque se compre la fruta muy verde ya no va a madurar, sobre todo en Primavera.

Sirva a los efectos el siguiente calendario anual de frutas:

INVIERNO: piña, naranja, aguacate, plátano, mandarina, manzana, pera, pomelo, cacahuete, dátil, higo, almendra, nuez, avellana.

PRIMAVERA: naranja, aguacate, plátano, mandarina, fresa, manzana, níspero, pera, pomelo, dátil, higo, cacahuete, almendra, avellana, albaricoque, piña, cereza, frambuesa, pomelo, grosella, ciruela.

VERANO: albaricoque, naranja, melón, plátano, manzana, melocotón, ciruela, cacahuete, almendra, avellana, sandía, higo, fresa, frambuesa, arándano, pera, uva.

OTOÑO: plátano, castaña, caqui, higo, manzana, pera, melocotón, uva, cacahuete, almendra, avellana, naranja, granada, membrillo, almendra, avellana, piña, aguacate, mandarina, pomelo.

¿Qué ciruelas son mejores?

Un truco para escoger las ciruelas es que no hay que llevarse las que son brillantes. Esto es así porque cuando las ciruelas son frescas se recubren de una capa opaca típica de algunos vegetales y frutas.

Cuando se manipulan las ciruelas o se almacenan pierden esa capa con lo que dejan de estar brillantes.

Tampoco conviene escoger las que se ven transparentes ya que denota una pulpa harinosa.

¿Cómo elegir un buen melón?

Hay varios trucos para saber escoger bien un melón, ya que esta fruta engaña mucho y es difícil saber su estado por dentro y parece que hay gente experta en este tema.

Por tanto, a la hora de comprar un melón hay que tener en cuenta lo siguiente:

— Hay que elegir, si se puede, los melones hembra a los macho y la diferencia se ve en que el corazón es más largo.

— El cuarteado de la piel debe notarse suficientemente, debe estar bien marcado.

— Si la base del melón se resiste cuando se la retuerce es que está verde, porque si estuviera maduro se rompería.

— Entre un melón que no tiene aspecto de granulado y uno liso hay que elegir el primero.

¿Qué limones son mejores?

Si se va a hacer limonada o algo que exija exprimir limones es mejor escoger los más redondos.

¿Son buenas todas las frambuesas?

Cuando vaya a elegir frambuesas, fíjese en el fondo del contenedor. Si éste está muy manchado lo más probable es que las frambuesas del interior estén aplastadas o pasadas.

¿Dónde comprar los huevos?

En cuanto a los huevos conviene decir que muchas veces basta con la garantía que se ofrece en el envasado. No obstante, conviene hacerse clientes de un lugar y comprar siempre el producto que nos ofrece garantías desde hace tiempo.

Aún así, en la sección de trucos se explicará de qué manera se puede comprobar si un huevo está o no en buenas condiciones. Pero para el hecho de la compra basta con estas simples indicaciones.

¿Qué indica el pescado brillante? ¿Qué consejos hay que seguir?

Aunque parezca de perogrullo, la pescadería a la que se acuda debe oler a pescado, a pescado fresco, a un buen olor a mar. Que no huela a amoniaco, a productos de conservación. Esto se nota en seguida con un poco de práctica.

No está de más acudir siempre al mismo sitio donde la atención suele ser mejor que en un lugar donde no le conocen de nada.

Hay que ser desconfiados, por lo menos en este tema, del pescadero que riega a menudo su mercancía para que parezca que está brillante y fresca.

Si son pescados con ojo, hay que fijarse que el ojo esté brillante, saliente y abombado y fijarse en que tenga la córnea transparente y la pupila negra y brillante. Además de tener las agallas rojas, frescas y que al ser levantadas por el pescadero se note la tersura de la carne del pescado. Si se compran anchoas (boquerones) hay que fijarse que no esté rota la piel, que estén plateados, brillantes, etcétera.

Los calamares, que no estén rojos ni blandos.

Los cangrejos, que estén vivos siempre.

Las chirlas, que no estén rotas.

El bacalao no debe tener la piel ni muy blanca ni muy amarilla porque entonces significa que le han hecho un lavado sódico.

Los mariscos en general conviene comprarlos en un lugar de confianza y procurar que sean del día.

Además de esto, con el marisco hay que cuidar que las cabezas no estén descolgadas si se trata de gambas o cualquier marisco de este tipo. El peso es otro factor a tener en cuenta porque nos indica la cantidad de carne que tienen los crustáceos, por lo que se entiende que cuanto más pesen, mejor.

Con el pescado es importantísimo tener cuidado con la frescura debido a la facilidad que tienen estos alimentos de estropearse y provocar diferentes reacciones alérgicas y urticarias en las personas.

En este sentido no hay que dejarse guiar por el precio sino por el conocimiento, la práctica y el sentido común. Puede haber un pescado azul de los llamados de segunda categoría con las mismas propiedades alimenticias o más que un pescado blanco con un sabor que resulta más agradable al paladar.

¿Cómo apreciar la calidad de las carnes?

En cuanto a las carnes es recomendable, por ejemplo, con respecto a la carne picada, comprar la pieza entera y luego pedir que la piquen delante de uno. Aunque la carne picada es muy cómoda y tiene muchas salidas, hay que tener mucho cuidado porque precisamente el hecho de que esté picada la convierte en un núcleo de gérmenes de proliferación rápida.

Si la carne picada se compra en invierno, hay que meterla en el frigorífico nada más llegar a casa y guisarla y si es en verano, primero hay que comprarla después de haber comprado todo lo demás (para que no se estropee incluso durante el tiempo que se tarda en hacer la compra) y nada más llegar a casa o bien congelarla o cocinarla rápidamente.

A la hora de elegir carne de ternera, es mejor la que es más blanca y de buena calidad porque no perderá el volumen al freírla.

Igualmente las carnes de las aves son también muy delicadas. El pollo, por ejemplo, es muy propenso a perder sabor y no puede estar en el frigorífico más de un día, porque el sabor que toma luego es incluso desagradable y el olor es muy fuerte.

Un truco para mantener alguna de estas aves sin que se estropee, en caso de tener que esperar un día antes de cocinarlo, es frotarlo con ajo antes de meterlo en el frigorífico.

Los animales de caza como el corzo se venden en sitios ya especializados. La carne de estos animales aguanta bastante pero al ser muy dura, conviene marinarla durante 24 horas en vino con unos trozos de zanahoria, cebolla, clavo y ajos.

Con respecto al faisán, éste ya se vende destripado, pero si se recibe directamente de una cacería hay que destriparlo cuanto antes y colgarlo durante dos o tres días para que pierda el fuerte olor que tiene y se ablande. El hígado ha de tener un color rosado y que se vea que está fresco, que no está reseco.

Hay que fijarse en que la carne, por ejemplo la de pularda, no tenga sombras rojas porque esto significa que recibió golpes, y también que la piel no esté rota, porque por esas aberturas se va todo el jugo al cocinarla.

Con la vaca hay que procurar fijarse en que la grasa de las piezas tenga un color blanco amarillento pero fresco, no opacos, una grasa brillante y clara. Con el buey es lo mismo pero la grasa es más amarilla.

A la hora de escoger el pavo, es mejor que no pese demasiado porque si pasa de los 4 kilos, la carne no es tan tierna.

Moluscos y crustáceos: ¿qué precauciones tomar?

Ya se comentó antes algo sobre los moluscos y crustáceos. Simplemente recordar que es fundamental que el marisco sea fresco.

Así, cuando se compran berberechos hay que mirar que no estén ni rotos ni abiertos y sobre todo tener en cuenta que si están abiertos hay que tocarlos porque si son del día en seguida se van a cerrar, pero si están pasados no se cierran y es porque están ya asfixiados y entonces no sirven para nada. Una excepción a esto son las gambas, los langostinos y las cigalas que no se suelen vender vivas. Pero la anterior regla sirve también para el centollo, el buey, la langosta o el bogavante.

¡Cuidado con los despojos!

Los despojos requieren una frescura extra puesto que son todas las tripas de los animales. Hay que comprarlos donde haya una higiene exquisita y que sea de confianza.

Además hay que fijarse en que las piezas no estén babosas ni tengan brillos. Por último, simplemente advertir que no siempre lo más selecto ni lo más caro es lo mejor.

Hay que saber mirar y sobre todo recurrir al sentido común y a la experiencia para elegir bien.

Trucos para almacenar y conservar alimentos

De poco serviría comprar lo más fresco y lo más adecuado en el mercado si luego, por desconocimiento, se estropea todo. Veamos algunas recomendaciones para almacenar y conservar los alimentos.

Verduras y frutas: ¿Cómo guardarlas?

Hay que almacenar el apio y la lechuga en bolsas de papel y no de plástico y es mejor si se guardan aparte las hojas exteriores y los tallos hasta que se usen.

Si se quiere mantener una cebolla que ha sido cortada por la mitad, lo mejor es frotarla con mantequilla porque de esta manera se mantendrá fresca durante más tiempo.

Es conveniente cortar las cabezas o las bases de las zanahorias, remolacha, etcétera, antes de almacenarlas.

El perejil se conservará mejor si se guarda en un recipiente que tenga la apertura muy ancha. La tapa tiene que cerrar muy bien, y el recipiente ser muy hermético.

También, el perejil puede congelarse.

Las fresas y los fresones hay que meterlos en un colador en el frigorífico. De esta manera se conservarán mejor. Y por supuesto no hay que lavarlos hasta que se vayan a comer.

Si se tienen plátanos un poco pasados que no se van a utilizar en el momento, lo mejor es pelarlos primero, envolverlos muy bien en papel transparente, meterlos en bolsas para congelar y congelarlos hasta que se vayan a utilizar.

Los limones tendrán mucho más jugo si se almacenan en el frigorífico en una jarra de agua que se pueda cerrar.

También tendrán más jugo si se sumergen en agua caliente durante 15 minutos antes de exprimirlos.

También servirá si se calientan en el horno durante unos minutos. La lechuga tardará más en oxidarse si se le pone una servilleta o papel absorbente en el contenedor.

También sirve meter dos esponjas secas que absorban la humedad.

Productos lácteos: dos soluciones prácticas

Si quiere evitar que el queso se reseque, puede envolverlo en una toalla humedecida en vinagre.

Nunca hay que echar la leche o la crema que está a temperatura ambiente a su antiguo contenedor.

Otros trucos interesantes

El azúcar moreno se conservará mejor si se guarda en el frigorífico en una bolsa de plástico dentro de un contenedor que tenga una tapadera que no lo cierre herméticamente.

El coco se mantendrá más fresco si se conserva en una jarra de cristal en un lugar frío pero seco.

Para que las pasas no estén tan revenidas conviene meterlas en una jarra con zumo de naranja.

Pan y galletas: cómo prolongar su frescura

Se puede añadir una rama de apio al pan para lograr que se mantenga fresco durante más tiempo.

El pan seco se puede reutilizar metiéndolo durante 24 horas en el frigorífico envuelto en una toalla mojada. A la hora de servirlo, se quita la toalla y se calienta en el horno durante unos minutos.

No tendrá la frescura del pan recién hecho pero se podrá comer.

Las galletas se mantendrán más frescas si se aplastan unas servilletas de papel en el fondo de la caja de galletas.

Los bollos se mantendrán frescos si se mete media manzana en la caja en la que se guardan.

Pescado: dos trucos sencillos

Para descongelar el pescado el mejor método es usar leche, porque la leche quita el sabor del congelado y le devuelve su sabor a pescado fresco. El pescado se puede introducir en vinagre y agua antes de cocinarlo si se quiere que tenga un sabor dulce.

Bacon en su punto

Para prevenir que el bacon se encoja demasiado al freírse lo mejor es mojar las lonchas en agua fría antes de hacerlas. No obstante hay que tener cuidado, ya que el agua explota en el aceite.

Haga el siguiente truco si quiere conseguir que el bacon no se pegue. Se trata de enrollar el paquete de plástico en el que viene en forma de tubo y atarlo fuertemente con gomas.

Para separar el bacon que está congelado lo mejor es calentar una espátula en el fuego (pasarla por encima) y meterla por entre cada loncha de bacon.

La carne ahumada, como el jamón o el bacon, se conservará más tiempo fresca si se la envuelve en una toalla mojada en vinagre.

Además...

El aceite de oliva se conservará mejor si se echa un terrón de azúcar al tarro en el que se guarda.

El maíz se conservará siempre mejor en el congelador porque el frío evitará que se caigan los granos.

Mil, y una Ideas...

4. Mil y una ideas...

...EN GENERAL

La sal (o sobra o no llega)

Si un guisado está demasiado salado, basta con añadir media patata cruda cortada. Después de que se cocine la patata, hay que retirarla pues ya habrá absorbido toda la sal sobrante.

También se puede añadir una cucharadita de vinagre de sidra con otra de azúcar o sólo añadir la de azúcar.

Si un guisado o una sopa resulta demasiado dulce, hay que añadir sal.

Si un plato de verduras resulta demasiado dulce, añadir una cucharadita de vinagre de sidra.

La sal no se disuelve en el aceite. Cuando se prepara una vinagreta fría siempre hay que disolver la sal con vinagre o con zumo de limón antes de mezclarlo con el aceite.

¿Cómo medir la cantidad de sal? La mejor decisión es añadirla al final (así no se corre el riesgo de dudar si se ha echado o no) y la medida quizás perfecta es de 2 cucharadas de sal por cada tres cuartos de litro de agua. Esta medida funciona perfectamente para la pasta y las verduras cocidas.

Nunca hay que añadir sal a los huevos batidos si se van a juntar con otras cosas, porque se corre el riesgo de que resulten saladísimos.

En un plato salado, añade una cucharada pequeña de vinagre para rebajar la cantidad de sal de más.

Otro truco para solucionar un guiso demasiado salado es el de introducir un terrón de azúcar y retirarlo rápidamente.No lo solucionará por completo, pero ayudará bastante.

¿Cómo hacer una salsa en su punto?

Para evitar que la salsa de algún plato resulte muy descolorida, lo que hay que hacer de antemano es tostar bien la harina (hasta que tenga un color marrón pero sin que se queme) antes de añadir el líquido.

Esto también ayuda a que no resulte una salsa grumosa.

Para obtener una salsa sabrosa y oscura hay que poner un poco de harina en un recipiente y colocarlo cerca de la carne dentro del horno.

Cuando la carne termine de hacerse la harina estará marrón. Después hay que añadir el jugo gradualmente, moviéndolo constantemente y llevándolo a ebullición.

Para obtener una salsa ligera o suave, ten siempre a mano una jarra rellena a partes iguales de harina y maicena. En otra jarra, añade 3 ó 4 cucharaditas de esta mezcla a un poco de agua, agítalo y en unos minutos obtendrás una pasta ligera para realizar la salsa.

Si en una salsa sobra líquido, el remedio está en separarla de los alimentos (si se puede) y hervirla aparte para que se evapore parte del agua sobrante. Luego se reincorpora al resto.

También un remedio puede ser incorporar una cucharadita de maizena que se ha disuelto a su vez en un poco de agua fría con harina tostada. O si no, se puede añadir una cucharada de pan rallado.

¿Qué hay que saber de los huevos?

Si al agitar un huevo cerca del oído se escucha un golpe, lo más probable es que el huevo esté malo.

Un huevo fresco se hundirá en el agua, mientras que uno pasado flotará.

Si se pretende cortar en rodajas un huevo cocido sin que se rompa continuamente la yema, pasa el cuchillo por el chorro del agua antes de empezar a cortar y así la yema no se pegará al cuchillo.

Los huevos de color blanco se baten más fácilmente cuando están a temperatura ambiente. Por eso, conviene sacarlos media hora antes del frigorífico cuando se vayan a emplear.

Para lograr que los huevos revueltos estén más luminosos y menos compactos, basta con añadir un poco de agua mientras se están batiendo. Añade vinagre al agua hirviendo cuando esté un huevo cociéndose, ya que el vinagre ayudará a que se selle la cáscara del huevo.

A la hora de almacenar huevos:

— Mantén los huevos en el contenedor con el que se venden y así aguantarán mejor en el frigorífico.

— No se deberían almacenar huevos durante más de 11 días.

— Si se quiere almacenar huevos durante un tiempo largo, abrir los huevos y volcarlos en una bandeja para hielos. Cuando estén congelados, sacarlos y meterlos en una bolsa para congelar para utilizarlos cuando se desee.

Un truco para que no se rompan los huevos cocidos consiste en envolverlos en papel de aluminio antes de hervirlos.

Cuando hagas huevos revueltos para muchas personas, añade una pizca de levadura y dos cucharaditas de agua por huevo para que cunda más la comida.

¿Qué hacer para pelar fácilmente los huevos cocidos?

Basta con dejarlos tapados después de que hayan hervido durante 5 minutos.

El vapor se meterá debajo de las cáscaras y se abrirán en un abrir y cerrar de ojos.

También se puede aclarar los huevos en agua fría para que así resulte más fácil quitarles la cáscara.

En caso de que se hayan guardado yemas de huevo de otras recetas, pueden utilizarse sustituyendo el huevo entero al cocer algo en el horno o cuando queremos darle más densidad o espesor a otro producto.

Se han de utilizar dos yemas por cada huevo completo.

¿Cómo saber si un huevo está crudo o cocido?

Simplemente haz que el huevo dé una vuelta sobre sí mismo. Si se tambalea es que está crudo y si gira con facilidad es que está cocido.

Para evitar que los huevos no dejen de moverse dentro de la cazuela o la sartén cuando se hacen escalfados, conviene echar al agua unas gotas de vinagre.

Añade una cucharadita de agua por cada huevo blanco para aumentar la cantidad de huevo batido al hacer merengue. Perfora el final del huevo con un clavo y no se romperá cuando esté hirviendo.

Tanto los huevos de cáscara blanca como los de cáscara marrón son de la misma calidad. Los huevos blancos pueden almacenarse congelados hasta un año entero.

Los huevos blancos descongelados pueden volver a congelarse.

Las yemas de los huevos se mantendrán frescas en el frigorífico durante varios días si se las cubre de agua fría.

Para conseguir que las claras de huevo se pongan más firmes basta con echar un poco de sal o tres gotas de zumo de limón antes de batirlas.

¿Cómo mantener frescas las verduras?

Para arreglar las verduras que están mustias o manchadas hay que arrancar los bordes o las puntas marrones, rociarlas de agua templada, envolverlas en una toalla y meterlas en la neve-ra durante una hora.

Para reanimar la lechuga un poco "pocha", basta con añadir jugo de limón a un bol de agua fría y añadir un par de rodajas de patata cruda.

Las verduras se mantendrán más frescas en el frigorífico si se pone papel de periódico en la cubeta de las verduras y se envuelven en éste. Haciendo esto se absorbe el exceso de hume-dad y las verduras se mantienen más crujientes.

A la hora de cocinar zanahorias, guisantes, remolacha o maíz, añade una pequeña cantidad de azúcar al agua para que se mantenga el sabor.

Las cebollas, el brócoli y las coles de Bruselas se harán más rápido si se hace una incisión en forma de X en la base.

Todo sobre las patatas

Para acelerar la cocción de las patatas hay que hervirlas durante 10 minutos en agua salada y luego colocarlas en horno muy fuerte.

Para reducir el tiempo que requiere una patata en cocinarse en unos 15 minutos hay que insertar un clavo en la patata. O también se pueden cortar en dos e introducirlas colocadas boca abajo en una bandeja en el horno.

Un secreto para que el puré de patatas sepa mucho mejor es utilizar un par de cucharadas de crema de queso en lugar de mantequilla o sustituir la leche por crema ácida.

Cebollas: dos soluciones

Para evitar llorar al cortar una cebolla, hay que cortarla poniéndola debajo del agua fría o congelándola antes de trocearla.

Tomates: trucos de nuevo cuño

Almacena los tomates con el tallo hacia abajo y así se mantendrán más frescos y durarán más tiempo.

La luz del sol no hace madurar a los tomates, sino el calor.

Colócalos en una esquina cerca de algún sitio caliente como el horno o el lavaplatos para que les llegue algo de calor.

Si sobra jugo de tomate cuando se abre un envase, se puede conservar congelado como cubitos de hielo. Luego se pueden utilizar para cocinar o para hacer bebidas con tomate.

Para mejorar el sabor del jugo de tomate barato, vacía el envase en una jarra y añade una cebolla verde picada y el tallo de un apio. Métela en el frigorífico.

¿Cómo conservar las verduras ?

Para conservar las vitaminas de las verduras conviene ponerlas en el agua, pero cuando ya esté hirviendo.

Si la remolacha pierde su color cuando hierve, añade un poco de jugo de limón al agua.

Pon la mitad de un limón en agua a la hora de cocinar el repollo ya que de esta manera el olor no invadirá toda la cocina. Una excesiva cocción también hace incrementar el olor, con lo que conviene que se mantenga lo más crujiente posible.

Al cocinar judías secas hay que añadir la sal después de que ya estén cocinadas, porque si se añade la sal al principio se retrasa el proceso de cocción.

Almacena los ajos en una jarra llena de aceite vegetal. No sólo se mantendrán frescos sino que además el aceite cogerá el aroma del ajo, con lo que servirá para aliñar las ensaladas.

¿Cómo hacer que madure la fruta?

Coloca la fruta verde en una bolsa de plástico perforada. Los agujeros permitirán que el aire circule al tiempo que retendrán el gas que producen las frutas cuando maduran.

Los plátanos madurarán si se les envuelve en una toalla mojada y se introducen en una bolsa de papel.

Los aguacates maduran si se los entierra en un bol lleno de harina.

La luz del sol directa hará que los tomates dejen de estar tan verdes aunque, como ya se ha dicho, no hace que maduren.

Servirá dejarlos en un lugar templado o caliente donde no importa si la luz no llega.

¿Cómo manejar el azúcar moreno?

Para lograr que el azúcar moreno deje de ser ese pedrusco compacto que no se puede separar, basta con introducir una rebanada de pan de sandwich o de pan del día y en unas cuantas horas, el azúcar tomará su consistencia normal.

Si se necesita rápidamente habrá que recurrir al rayador y rayarlo como si se tratara de queso o de cualquier otra cosa.

También se puede colocar el azúcar al lado de una taza de agua dentro de una cazuela tapada e introducirla en el horno a fuego bajo.

Sin que salpique y sin que se pegue

Para evitar que la comida salpique, basta con colocar un colador de metal como tapadera para permitir que el vapor salga. Espolvorea un poco de sal en la sartén de freír para evitar que salpique.

Antes de usar una sartén nueva, haz hervir vinagre en ésta y así se evitará que la comida se pegue en un futuro. Calienta la sartén siempre antes de añadir aceite o mantequilla. Esto también ayudará a que no se pegue. Al freír carne, se puede evitar que se pegue poniendo una loncha de bacon en el fondo de la sartén.

El pan y la mantequilla

Pon el pan congelado en una bolsa de papel marrón limpia y caliéntala en el horno durante 5 minutos a 325º. El pan se descongelará completamente. La mantequilla se ablandará antes si se gratina.

O mucho más sencillo: calienta una sartén y colócala encima y debajo de la mantequilla durante varios minutos.

Para prevenir los hervidos de más

Añade un pedazo de mantequilla o algunas cucharas de aceite de cocinar al agua y así evitarás que el arroz, el espagueti o los fideos se pasen de cocción o se peguen.

Leche hirviendo

Añade un poco de azúcar (sin remover) a la leche para prevenir que se queme.

Aclara el cazo con agua fría antes de hervir la leche y será mucho más fácil limpiarlo.

Trucos para carne y pescado

Para ablandar la carne cocida, añade una cuchara de vinagre al agua de cocción.

Para ablandar un filete, frótalo con una mezcla de vinagre y aceite y déjalo estar durante dos horas antes de cocinarlo.

Para estofar una gallina vieja, remójala en vinagre durante varias horas antes de cocinarla y tendrá el sabor de un pollo joven.

Para obtener un pollo frito con un color marrón agradable, rebózalo en leche en polvo en lugar de harina antes de freírlo.

Para que el pescado sepa mejor y no se pegue a la sartén, basta con cocinarlo en un fondo de cebollas, apio y perejil picado.

Si los arenques son muy salados basta con tenerlos durante 3 horas largas en leche antes de cocinarlos o de hacer cualquier receta con ellos.

Para asar el pescado grande una recomendación es la de saltear primero en una sartén con muy poco aceite de oliva durante 2 minutos cada lado del pescado. Luego se completa el cocinado en horno caliente (165°) durante 10 ó 15 minutos.

¿Cómo librarse del exceso de grasa?

La mejor manera es meter la cazuela en el frigorífico. De esta manera la grasa, al enfriarse, se endurecerá y subirá a la superficie. Así, al estar en la superficie resultará muy fácil quitarla con un cuchillo.

Para librarse de la grasa en las sopas y los estofados hay que dejar caer cubitos de hielo en la cazuela. Al remover, la grasa se pegará al hielo.

Lo que hay que hacer es retirarlos rápidamente, o por lo menos antes de que se deshagan.

La grasa también se adhiere a las hojas de lechuga, así que se puede realizar la misma operación de antes pero con éstas.

Si se fríe algo en una freidora se puede probar a elevar más una parte de la freidora y freír los alimentos en la parte elevada para que no tenga tanta grasa.

Cuando se fríe carne en una parrilla hay que poner una rebanada de pan para que chupe la grasa. Esto también reduce las posibilidades de que se produzca un fuego.

Mejorando el guiso de arroz y fideos-tallarines

Para que el arroz salga más blanco, añadir una cucharada de jugo de limón por cada cuarto litro de agua.

Para añadir más sabor y nutrición al arroz, cocínalo en el líquido en donde se han cocido las verduras.

Para conseguir unos fideos perfectos hay que volcarlos cuando el agua ya está hirviendo y acto seguido apagar el fuego y dejarlos durante 20 minutos. De esta manera, los fideos no se pegarán a la cazuela, no se pasarán de cocción y no hay que remover la olla.

Secretos para cocinar moluscos

Será muy sencillo abrir las ostras si se lavan en agua fría, se colocan en una bolsa de plástico y se congelan durante una hora más o menos antes de abrirlas.

Para limpiar las almejas de arena hay que ponerlas en remojo durante dos horas aproximadamente en agua salada. La proporción es de media taza de sal (117 gramos) por cada cuarto litro de agua.

Cocer mejillones o berberechos sin agua, los hace más sabrosos. Solamente hay que ponerlos en una cazuela muy bien lavados con una rodaja de limón y un poco de aceite de oliva. Se tapan y en cuanto se abren, se apagan.

La siguiente serie de trucos se centra en los alimentos por separado y con nombre propio. Así pues, ahora hablaremos de los trucos...

...EN PARTICULAR

Aceite de oliva: perfumado y mejor conservado

Para perfumar el aceite de oliva se puede echar la hierba que se quiera (lavada y secada) y dejarla marinar un mes a temperatura ambiente. También se puede hacer con ajo y pimiento.

El aceite se conserva mejor si se guarda en contenedores oscuros, ya que la luz no le beneficia en modo alguno.

Aceitunas en un guiso

Si se van a utilizar aceitunas en un guiso hay que blanquearlas antes para liberarlas del exceso de sal y escurrirlas después para que pierdan la mayor parte del agua.

Acelga en su punto

Para pelar las acelgas lo que hay que hacer es romperlas por la mitad, ya que al hacer esto las dos mitadas quedan unidas por las fibras y lo único que hay que hacer es terminar de tirar, pues al hacerlo las fibras se desprenderán de la carne.

Las acelgas necesitan muy poca sal porque "chupan" toda la que se les eche y se corre el riesgo de que resulten demasiado saladas.

Aguacate con hueso

Una fórmula que parece de magia pero que funciona muy bien para conseguir que el aguacate no ennegrezca al poco tiempo de abrirlo y aliñarlo, es no tirar el hueso y servirlo con la carne del aguacate. Curiosamente, estando el hueso no se estropea ni la mitad de lo que lo haría sin éste.

El aguacate se conserva perfectamente en el frigorífico pero hay que guardarlo en la cubeta de las verduras y envolverlo con papel de periódico.

Ajo: útil, necesario y colaborador

El ajo tiene dos inconvenientes. El primero es que su digestión resulta difícil y el segundo, que es engorroso a la hora de pelarlo.

Para superar esto lo que se puede hacer es pelar un solo diente de ajo, pincharlo con un tenedor y remover la comida que se esté haciendo con ese ajo que está pinchado. De esta manera, el guiso cogerá el sabor.

De la misma manera, para dar sabor a una salsa o para marinar algo no hace falta pelar todos los ajos, sino que se puede cortar por la mitad la cabeza entera de ajos o aplastarlos con un cuchillo.

Otro truco para pelar los ajos es blanquearlos durante dos minutos. Seguidamente se les pasa por el agua fría y se pelan, ya que de esta manera resulta mucho más fácil.

Para las personas a las que el ajo resulte especialmente fuerte y sin embargo les guste su sabor, lo que han de hacer es extraer del ajo la raíz, que se consigue cortando el ajo en sentido longitudinal y extrayendo la raíz, que suele tener un color algo más amarillo y verde que el resto de la carne.

Si se quiere dar un toque de sabor de ajo en una tortilla pero que no sea muy fuerte, el truco está en frotar un ajo o varios en el plato en el que se van a batir los huevos.

Con eso bastará para que la tortilla tome el sabor necesario sin que sea cargante. El mismo truco sirve para las ensaladas.

Una manera de evitar que salgan en las alubias y las lentejas los gorgojos (los bichitos de las alubias y las lentejas que salen cuando pasa más de un año), es poner dos dientes de ajo pelados en el tarro en el que éstas se guardan.

Para que los ajos no se escurran cuando se machacan en el mortero conviene echar un poco de sal al diente de ajo que se vaya a machacar.

Alcachofas: preparación y precauciones

A la hora de preparar una alcachofa hay que hacerlo de manera que no queden posibles fibrillas colgando. Para lograrlo no hay que cortar el rabo con un cuchillo sino hacerlo con la mano y mediante un golpe seco.

Para saber si una alcachofa ya está suficientemente cocida lo que hay que hacer es pincharla con un cuchillo en la base y si se introduce éste fácilmente es que ya está suficientemente cocida.

Las alcachofas crudas se conservan varios días en el frigorífico pero sólo si se guardan con el tallo. Para que se conserven durante más tiempo el truco está en mojar el tallo en agua fría. Sin embargo, ya cocinadas se oxidan muy rápidamente y hay que tomarlas en el mismo día.

De otro modo, las alcachofas cocidas se pueden aprovechar friendo los fondos, como si fueran patatas fritas, en una capa fina de aceite muy caliente.

Para que los fondos de alcachofa no ennegrezcan, además de frotarlos con jugo de limón también hay que añadir aceite de oliva al agua de cocción. El aceite ejerce de aislante.

Una hoja de laurel o un diente de ajo también ayudarán a que no ennegrezcan.

Las alcachofas que ya se han cocido no tienen que guardarse más de 48 horas, porque después de pasado ese tiempo se pueden volver tóxicas.

Aliño (para ensalada). Paso a paso

Hay un dicho para la ensalada y es el siguiente: "Se necesitan cuatro hombres para hacer una ensalada: un pródigo para el aceite, un avaro para el vinagre, un sensato para la sal y un loco para removerla".

Lo mejor es echar primero el aceite y removerla para que la lechuga se impregne bien, luego se añade el vinagre y finalmente la sal y las especias. Este método es bueno porque en caso de que se nos vaya la mano con el vinagre no tiene tanto peligro, ya que el aceite habrá formado una película en las hojas y el vinagre sobrante caerá al fondo de la ensaladera.

La mejor manera de conservar una ensalada es lavarla, escurrirla sin mucho empeño y meterla en la nevera hasta que sea el momento de consumirla.

Para los amantes de lo más ácido y amargo del limón, pueden probar a exprimir el limón entero (con piel, semillas y demás) para incorporar su jugo al aliño de una ensalada.

Anchoas ricas y bien preparadas

Para conseguir rápidamente que unas anchoas dejen de estar tan saladas, basta con enjuagarlas con agua fría y tenerlas durante unos 12 minutos en vinagre de vino.

Apio: poco y a su tiempo

El apio es una verdura con una gran personalidad. Su olor invade el guiso en el que se incorpore.

Por esta razón hay que tener cuidado a la hora de incoporarlo a un caldo, a no ser que al comensal no le importe que el guiso entero sepa exclusivamente a apio.

Con una pequeña rama bastará pues su aroma es muy fuerte.

Arroz: ¿cuánto? ¿cómo?

Un truco de lo más casero para medir la cantidad de agua que se necesita al hacer arroz es el siguiente: cuando el arroz esté en la cazuela se coloca el dedo índice rozando el arroz y se empieza a echar agua. Cuando el agua llegue a la articulación de la primera falange ya es suficiente. La mejor manera de lavar el arroz es ponerlo en un colador y meter éste en la cazuela con agua.

De esta manera con la mano se va removiendo el arroz en el agua, que hay que cambiar varias veces hasta que esté del todo limpio. Una vez el agua esté hirviendo no hay que remover el arroz ya que si se hace, se pegará.

Pero si se pega el remedio consiste en lavarlo con agua fría para quitarle al almidón.

Asado de carne con huevos para ayudar

Para conseguir que un asado de carne tenga mucho jugo (que es lo que en definitva ayuda a que resulte más sabroso y jugoso), se consigue poniendo alrededor de la carne huesos de ternera, de cordero o de vaca y los huesos del pollo (el esqueleto) en el caso del pollo.

También un asado resultará más tierno si se baja la temperatura del horno después de que se haya dorado la pieza superficialmente.

Bacon: un truco sencillo

Al comprarlo es mejor sacarlo de la bolsa de plástico y ponerlo en papel de aluminio.

Barbacoa: recomendaciones de buen uso

Para el neófito en estas cuestiones hay que decir que la barbacoa hay que encenderla una hora antes, porque lo que cocina en la barbacoa no es el fuego sino el calor de las brasas. El tiempo que tarda algo en hacerse en una barbacoa depende de mucho factores (el viento, la colocación del grill), por lo que no conviene fiarse del tiempo aproximado que se sugiere normalmente.

Cuando se hace una barbacoa siempre hay que hacer antes la guarnición, porque si se van a hacer pinchos morunos, las verduras estarán más duras que la carne.

Hay que procurar que las carnes no se quemen porque las grasas requemadas no son buenas para la salud.

Al hacer chorizos, morcillas, salchichas y charcutería en general en la barbacoa, siempre hay que pinchar la piel antes con un tenedor. Si las brasas se están apagando, para reavivarlas se puede echar azúcar en polvo.

Berenjenas sin amargor

Antes de freír las berenjenas que se han cortado en rodajas hay que ponerlas en remojo de agua con sal para que suelten el jugo y se frían mejor. Asimismo, la berenjena tiene que "sudar" para perder el amargor que a veces es tan incómodo. Para lograrlo hay que poner las berenjenas cortadas y espolvoreadas de sal en una fuente tapadas con un paño limpio durante varias horas. Si no se tiene tanto tiempo, habrá que conformarse con tenerlas durante 20 minutos exclusivamente.

Blanquear: un procedimiento clásico

Aunque ésta es una práctica que ha caído en desuso en los últimos tiempos, ya que ha sido sustituida por el zumo de limón, todavía se blanquea para evitar que legumbres como las alcachofas, por ejemplo, ennegrezcan.

Pero para conseguir un buen resultado a la hora de blanquear hay que conocer las cantidades y proporciones exactas. Por cada litro de agua hay que contar una cucharada grande de harina y tres cucharadas soperas de vinagre cuya acidez reemplace la del limón.

Además de las proporciones hay que saber manejarlo, de manera que no resulte un fracaso. Sobre todo, lo que hay que conseguir es que la harina no se quede en el fondo; para lograrlo hay que diluirla primero en agua fría y luego hervirla removiendo y batiendo constantemente hasta que se disuelvan los grumos.

Si no sale a la primera no sirve de nada obstinarse, sino volver a empezar de cero.

Calamares bien hechos

Para conseguir que se ablanden, se cortan y se ponen en remojo en leche durante 1 ó 2 horas antes de freírlos.

55

Caldereta: el secreto de su elaboración

Con el pescado pasa lo mismo que con las verduras. Al cocinar varias clases lo que conviene es cocinarlos aparte. Al tratarse de una caldereta esta regla debe seguirse, porque si no siempre habrá un pescado que esté más hecho que otros.

La cocción de los mariscos en la caldereta debe hacerse a fuego vivo y en una cazuela lo suficientemente grande como para que tengan espacio.

Un secreto de una buena caldereta es la utilización de buenos vinos. Si no se tienen, entonces hay que hervir uno que sea de peor calidad para que suelte parte de su acidez.

Caldo: recomendaciones útiles

Si se utiliza una porción de caldo concentrado para realizar un caldo es conveniente no añadir sal, ya que estos cubos ya preparados aportan suficiente sabor y sal.

Antes de meter el cubito en la cazuela conviene diluirlo aparte en un vaso de agua caliente, porque si no se corre el riesgo de que no se deshaga por completo una vez dentro.

Cuando se meta el cubito en un vaso de agua hay que ayudar a que se funda por medio de una cuchara o de un tenedor aplastándolo.

Aún así, el cubito no se deshará por completo, con lo que estaría bien colarlo antes de volcarlo a la cazuela, porque si no los grumos que no se han deshecho del todo se pegarán en el fondo.

Caldo instantáneo

Si no se tiene especial afición por las porciones de caldo preparado y tampoco hay tiempo de hacer un caldo "como Dios manda", entonces se puede probar a hacer un caldo rápidamente. Se trata de cocer carne picada de buena calidad y verduras durante media hora. El único inconveniente es que la carne picada así hervida luego no sirve para nada.

Si se elige carne de vaca hay que elegirla de buena calidad y calcular 250 gramos de carne por cada litro de agua. Si se elige ternera es preferible contar con la parte de la espalda. Si el caldo se hace con aves, hay que lavar muy bien las patas, el cuello y el esqueleto e incluirlo en el caldo al que dará un magnífico sabor.

Caracoles en orden y concierto

Para que suelten la baba hay que ponerlos en sal gruesa y harina (poca). Luego hay que lavarlos en varias aguas y tenerlos 5 minutos en agua hirviendo. Después hay que cocerlos durante dos horas en medio litro de agua con medio litro de vino para dos docenas de caracoles. Tras esto, se meten en agua fría y se hierven, dejándolos cocer durante una hora. También se les puede dejar sin comer durante veintricuatro horas para que se purguen. Después se limpian, se cuecen y se cocinan.

Carne: trucos de buena tinta

Para conseguir ablandar una carne muy dura hay que hacer lo mismo que con el pulpo. Durante la cocción se echa a la salsa el corcho limpio de una botella grande y se conseguirá ablandar la carne bastante.

Para evitar que las albóndigas se pongan muy duras conviene sustituir la yema de huevo que mucha gente le echa a la carne picada para que esté más jugosa, por un poco de aceite.

Carpaccio pasado por el congelador

Aunque se trate de un plato italiano, se incluye aquí porque ya es muy internacional y porque este truco puede servir para otras cosas.

El único problema que presenta el *carpaccio* es que ha de cortarse muy finito y la mayor parte de las veces resulta difícil conseguirlo.

El truco está en meter la carne durante unos 10 minutos en el congelador. Al enfriarse, resulta mucho más fácil cortarla en rodajas finas.

También se puede hacer con salmón fresco sin piel ni espinas, para luego filetearlo y macerarlo con limón durante media hora añadiéndole después aceite de oliva virgen y alcaparras al gusto.

Castañas jugosas y digestivas

Si se hacen al horno hay que hacerles un corte longitudinal no muy profundo, pero lo suficiente como para que no estallen.

Para hacerlas en puré, se les da el mismo corte y se cuecen en agua en una olla a presión, pelándolas y cocinándolas después.

Caviar: ¿fresco pasado?

Para comprobar que el caviar está fresco, lo que hay que hacer es colocarse una pequeña nuez de caviar en la parte exterior de la palma de la mano y llevársela a la boca. Después de retirar el caviar, la palma no debe oler a pescado.

Si huele a pescado es que el caviar no es de la mejor calidad.

Lo más conveniente, según los expertos, es guardarlo en hielo en el envase en el que se vende a una temperatura que va entre los —2 y los 2 grados centígrados.

Cebollas: para no llorar

Otro truco de las abuelas es ponerse un casco de la cebolla encima de la cabeza mientras se pela, y tambien pasarlas por el grifo del agua fría antes de pelarlas.

Es mejor no guardar una cebolla que ya se ha empezado porque puede ser malo para la salud.

El método más cómodo para pelar las cebollas sin echar a llorar es ponerse unas gafas de sol (al fin y al cabo es una pequeña inversión para dejar de llorar en la cocina muy a menudo)

Se puede suavizar el sabor de las cebollas, dejándolas macerar en zumo de limón durante un par de horas.

El perejil ayuda a que se vaya el olor de las manos, aunque probablemente el mejor truco es dejar correr el agua por entre los dedos y sobre las manos sin restregarlas.

Sorprendentemente el olor, al no restregar las manos, se va.

El agua de cocer las cáscaras de las cebollas se puede aprovechar para dar un color dorado al consomé o a cualquier salsa.

Cerdo: atenciones y buen trato

Al ser un alimento graso de por sí, no hay que rociarlo de más grasa sino de agua. El cerdo siempre gana si se le marina de antemano durante una noche con limón y aceite.

Cuando se va a hacer al horno, no hay que olvidarse de frotar la pieza de cerdo con sal gorda, pimienta, especias, tomillo y laurel.

Después se envuelve en papel transparente y se deja en el frigorífico durante 24 o 48 horas. Antes de cocinarla se libra a la pieza de la sal.

Champiñón bien dispuesto

Los champiñones tienen que lavarse en agua fría, pero no dejarlos en remojo porque tienen en su composición mucha agua y se quedan blandos.

Los tallos no hay que tirarlos porque se pueden utilizar para salsas, sopas y relleno de champiñones.

Se puede añadir un puñado de harina a los champiñones después de haberlos lavado, porque de esta manera se conservarán blancos y lustrosos.

Cocción: ¿cuánto? ¿desde cuándo?

En lo que respecta al pescado, el tiempo de la cocción ha de ser de la siguiente manera:

— 15 minutos por kilo para las piezas más grandes.
— 18 minutos para las medianas.
— 16 para los pescados más achatados, y
— 12 minutos para los pequeños.

Nota: el tiempo de cocción se cuenta a partir de que el agua empieza a hervir.

Coles de bruselas con pasaporte en regla

Para conseguir que se cuezan de manera homogénea basta con hacer una incisión en forma de cruz en la base de la col y así el agua será mejor absorbida.

Para eliminar el amargor de las coles de Bruselas hay que blanquearlas antes. Muchas veces el amargor persiste a pesar de haberlas blanqueado. Para evitarlo hay que calcular una relación de 5 litros de agua por cada kilo de coles de Bruselas.

Un truco para que conserven el color verde es no cubrir la cazuela cuando se estén haciendo y hacerlas a fuego rápido.

Compota de frutas: secretos del éxito

Para conseguir que una compota hecha de frutas con hueso tenga más sabor, el truco consiste en abrir los huesos con un martillo, meterlos en una tela muy fina e introducirlos en la compota cuando esté a mitad de la cocción.

El secreto para conseguir que una compota sea una compota y no una mermelada o un puré es el siguiente: no hay que espolvorear las frutas de azúcar y luego cocerlas, sino hacer antes un sirope o jarabe y sólo después hacerlas cocer en este sirope, asegurándose de haber comprado fruta sana y normal, no fruta para compota.

Además de esto, no conviene reducir el sirope estando las frutas dentro. Cuando ya se haya hecho la fruta, entonces se retira con una espumadera y se deja el sirope sólo a fuego vivo hasta que se reduzca.

Sólo entonces incorporamos de nuevo la fruta.

Conchas: ¡Ábrete, Sésamo!

No todas las conchas se abren de la misma manera.

Cada una tiene su secreto, que debe conocerse si no quiere uno desesperarse.

Las almejas: hay que dirigirse al músculo negro que tienen en un costado e introducir el cuchillo en ese punto.

Las ostras ahuecadas: se coloca la parte abombada de la ostra en la cuenca de la mano y se introduce más de la mitad del cuchillo. Luego se hace palanca.

Las ostras planas: esta ostra se abre metiendo el cuchillo en la base de la concha.

Mejillones: hay que separar las conchas haciéndolas resbalar la una contra la otra con el dedo pulgar y el índice antes de introducir el cuchillo.

Congrio más fácil

Éste es un truco muy sencillo y simple que sirve para otros pescados. Como el congrio tiene la piel resbaladiza, a veces se hace difícil cortarlo sin que se escape de las manos. Para evitarlo basta con rebozarlo de sal gorda.

Cordero (costillas) en su punto

Incluso cuando las costillas son delgadas, tienen grasa. Por esta razón hay que cocinarlas con muy poco aceite y se puede lograr, bien frotando la sartén con un papel absorbente empapado en aceite o simplemente pasando un poco de aceite por las mismas costillas.

Un truco es que se pueden cocinar también sobre una capa de sal gorda desplegada por la sartén y calentada de antemano. Antes de servirlas no hay que olvidarse de liberarlas de la sal, pero el resultado es sorprendente.

Crepes calentitas y sabrosas

Otro truco muy sencillo pero muy útil para conseguir que las crepes se mantengan calientes pero sin que se sequen, es el siguiente: se hierve agua en un cazo y se pone un plato encima. Cuando retiremos el cazo del fuego, se apilan las crepes en el plato y la última se recubre de papel de aluminio.

Un error común es el de meter las crepes en el horno para mantenerlas calientes, pero con esto sólo se conseguirá que se sequen.

Crustáceos, incluso inválidos...

El tiempo adecuado de cocción de los crustáceos es de 20 minutos. No hay razón alguna para aumentar el tiempo de cocción, ya que la carne de éstos se hace a los 85 grados centígrados, y ésta es una temperatura que se alcanza muy rápidamente.

Además, la cantidad ideal de sal es de 35 gramos por cada litro de agua.

Si resulta que tenemos crutáceos a los que les falta alguna pata, no hay motivo alguno para marginarlos. Para evitar que en la cocción se vacíe lo único que hay que hacer es tapar el agujero con miga de pan o con un poco de papel de aluminio.

Dorada bien tratada

Debido a su tendencia a secarse, siempre conviene marinar la dorada durante media hora antes de cocinarla en un fondo de aceite y zumo de limón.

Endivias sin amargor

Para evitar que se acentúe el amargor de las endivias no hay que hundirlas en el agua, sino pasarlas rápidamente por el agua del grifo.

Si la punta de la endivia está retorcida hay que cortarla porque también ahí se concentra el amargor. Al guisarlas se puede añadir un poco de azúcar.

Espárragos: secretos de buena cocina

Si sólo se van a utilizar las cabezas de los espárragos hay que cortar la parte de abajo. Para hacerlo correctamente lo que hay que hacer es coger el espárrago por la parte de arriba con una mano y por la parte de abajo con la otra.

Parecerá una locura, pero haciéndolo de esta manera se rompe exactamente en el sitio justo, es decir, allí donde el espárrago deja de ser fibroso.

Siempre es preferible consumir los espárragos cuando están calientes o templados, pero si no es así se pueden volver a calentar en su misma agua. Nunca hay que tirar las "colas" de los espárragos porque con éstas se puede hacer sopa.

Existe una técnica sencilla aunque laboriosa para cocer los espárragos sin que se cuezan siempre más las puntas que la parte de abajo. Consiste en meter los espárragos en un envase de conservas perforado de antemano.

Este recipiente hay que meterlo en una cacerola llena hasta la mitad de agua salada. Se cuentan 8 minutos y se añade agua hirviendo para que cubra todo el espárrago excepto la punta.

Se cubren las puntas con papel de aluminio y se cuentan otros 8 minutos con el agua hirviendo. De esta forma la parte dura del espárrago se hará totalmente.

Espinacas: ¿mejor sin agua?

Para librarse de la parte blanca de las espinacas no hace falta un cuchillo. Se trata de plegar las hojas como si fuera un folio y de partir lo blanco con la mano.

Hay quien asegura que las espinacas están mejor si se cuecen sin agua. Lo mejor es rociarlas de agua hirviendo para que bajen de volumen y luego, después de cocidas, ponerles mucha mantequilla y añadir un poco de azúcar.

Flan al horno: precauciones

Nunca hay que meter un flan en el horno cuando éste está muy caliente porque si no el flan sube muy rápidamente, y necesita hacerse de una manera progresiva.

Una manera de hacer el flan en el horno al baño maría de toda la vida, es poner en el fondo de la fuente del horno un papel de periódico cubierto de agua para que no salpique mientras se hace.

Hay que tener cuidado de que no quede sin agua, porque se organizaría fuego en el horno.

Frambuesas: mejor ensartadas

Éste puede resultar un truco demasiado simple, pero puede que no esté de más.

A la hora de colocar las frambuesas para un postre, como son tan delicadas, se corre el riesgo de aplastarlas con los dedos. Para evitarlo simplemente hay que coger una aguja de tricotar y ensartarlas por el agujero. De esta forma seguro que se mantienen intactas.

Fresas: trucos de buen gusto

Conseguir que las fresas aguanten sin que se pongan pochas hay veces que se convierte en una hazaña. Sin embargo, la razón es sencilla: nunca hay que dejar las fresas en el contenedor donde están cuando se compran.

Al estar las unas encima de las otras, inevitablemente se estropean en su propia humedad. Lo mejor que se puede hacer es estirar un paño de cocina limpio, expandir las fresas y doblarlo para que absorba la humedad.

El truco para conseguir librarse de las pepitas de las fresas, que permanecen incluso cuando se las exprime, consiste en envolver las fresas en un paño de cocina limpio y estirar como si se estuviera retorciendo para enjuagar el agua de un paño mojado.

Al retorcer el paño, se exprimen las fresas, cuyo líquido pasa a través del paño, dejando las pepitas (demasiado gruesas para atravesarlo) dentro de éste.

Cuando se hace una ensalada de fresa, nunca hay que hacerla con más de una hora de antelación; el tiempo justo para que se impregnen del vino, el azúcar y el zumo de limón, pero que no se conviertan en una mermelada.

Una manera especial de realzar su sabor es añadir antes unas gotas de un buen vinagre de vino.

Fritura: prueba con precauciones

Cuando se hace una fritura de pescado siempre hay que filtrar el aceite después de utilizarlo para eliminar las impurezas. Para hacer esta operación se puede utilizar un filtro de café. Luego, cuando se vaya a freír de nuevo, se puede reutilizar el aceite pero conviene juntarlo con un poco del aceite todavía no utilizado.

¿Cómo saber si el aceite tiene la temperatura adecuada para freír el pescado? El truco está en hacer caer una gota de agua. Si la gota explota significa que el aceite está a 180 grados centígrados, pero si al echar la gota sale humo significa que el aceite está demasiado caliente.

Hay que tener mucho cuidado al realizar este truco porque la reacción del agua y el aceite es muy peligrosa, por lo que hay que probar con una sola gota exclusivamente.

No conviene nunca sobrecargar de alimentos la sartén con el aceite, porque sube la temperatura y se empapan de aceite. Es mejor hacer varias tandas que sobrecargar la sartén, y además esto ayudará a que queden más dorados los alimentos.

Frutas (al horno): siempre verdes

Normalmente, cuando se va a cocinar la fruta en el horno, se tiende a comprar la fruta más bien verde en vez de madura porque se teme que la fruta madura se deshaga en el horno.

Pero esto es un error porque la fruta verde tiene más tanino que la madura y al cocinarse al horno, el tanino le da un sabor amargo a la fruta.

Gallina: consejos de primera

Un consejo para paliar un poco el sabor de la carne de la gallina es el de marinar la pieza con sal gorda durante 24 horas, estando pendiente de darle vueltas para que llegue a todos los sitios.

A la hora de cocinarla se puede quitar la sal metiéndola en agua durante una hora, pero renovando el agua tres veces.

Imprescindible para conseguir que la carne de la gallina quede blanca es frotarla bien con un limón entero.

Gazpacho fresco y del día

Hay muchas personas a quienes gusta tener siempre una jarra de gazpacho en el frigorífico durante todo el verano. Sin embargo esto es un error, porque las verduras que ya han sido picadas pierden sus propiedades muy rápidamente y suele fermentar, sobre todo si se le ha echado miga de pan.

Así pues, conviene hacerlo cada día.

Guisantes bien hechos

A la hora de cocer los guisantes conviene cubrir la cazuela con una plato hondo lleno de agua para que el vapor regrese a la cazuela.

Esto es así porque como los guisantes necesitan tan poca agua para hacerse, si no se pone el plato se corre el riesgo de que se peguen.

Habas con facilidades

Para pelar las habas sin ensuciarse los dedos el truco está en romper la vaina entre cada haba. Para eliminar la piel, que es muy amarga, conviene blanquear las habas durante 30 segundos en agua hirviendo. Después será muy fácil quitarles la piel.

Harina sin problemas

Una manera curiosa de hacer que la harina sea más digestible es la de tostarla en el horno. Se calienta el horno a 210 grados centígrados de temperatura y se mete la harina, que se ha colocado previamente en papel de aluminio, durante 10 minutos. Para evitar que se queme hay que estar moviéndola con una cuchara. De este modo también pierde la humedad.

Hay que tener cuidado y no dejar la harina que no se utiliza mucho tiempo cerrada. De vez en cuando hay que abrir el envase en el que está y airearla, porque si no se corre el riesgo de que fermente y tenga un sabor desagradable.

Hielo multi-uso

¿Sabías que el hielo ayuda a que se fije la clorofila de las plantas? De la misma manera fija la clorofila de las verduras; ahora bien, ¿para qué sirve eso?

Si se quiere mantener el color de las verduras que acabamos de cocer, nada más sencillo: echar a una cazuela llena de agua con muchos hielos la verdura que se acaba de hacer. Cuanta más fría esté el agua más se mantendrá el color de las verduras.

Hígado: dos sugerencias

La carne de hígado se puede ablandar si se mete durante una hora en un recipiente con leche.

Para evitar que el aceite salpique tanto, se puede pasar el hígado por harina.

Horno: ¿qué temperatura tiene?

Otro truco curioso para saber la temperatura del horno en caso de que se haya roto el termostato: se calienta el horno durante 15 minutos y, pasado ese tiempo, se introduce una hoja de papel.

Cuando la hoja se pone amarillenta significa que la temperatura es media; si la hoja se pone marrón clara es que el horno está caliente y si se pone negra es evidente que entonces está muy caliente.

Huevos pasados por agua

Hay tres maneras de saber cuándo un huevo está en su punto al hacerlo "pasado por agua":

1. Cuando hierva el agua se retira el cazo del fuego, se echan los huevos, se tapan y se pone de nuevo el cazo en el fuego para que hierva. Se cuentan 3 minutos y ya estarán listos.

2. Se ponen los huevos en el cazo con el agua fría; se pone a calentar el agua y se retiran los huevos en el momento en que el agua empieza a hervir.

71

3. Se echan los huevos cuando está el agua hirviendo, se cubren y se cuenta un minuto; entonces se retira el cazo del fuego y se cuentan 5 minutos antes de escurrir los huevos.

Huevos frescos y bien hechos

Éste puede que sea el truco más universal y popular de todos. Para saber si un huevo está fresco o no lo que hay que hacer es lo siguiente: se rellena un vaso de agua y se le echa sal.

— Si al echar el huevo éste se va al fondo y se queda como acostado es que es muy fresco.

— Si se va al fondo pero se queda vertical y sube un poco es que es medianamente fresco.

— Si flota es que no está fresco en absoluto.

Los huevos fritos hay que hacerlos en una sartén y no en la freidora. Al hacerlos basta con utilizar dos vasos de aceite y dejarlos un minuto, ya que más tiempo no es necesario.

Con los huevos fritos siempre hay que utilizar una espátula de madera. Nada de metal, porque el huevo se pega muchísimo. Para los huevos pasados por agua, lo mejor es que los huevos sean prácticamente de las mismas dimensiones.

Hay que procurar introducirlos en el agua al mismo tiempo, cosa que se puede conseguir metiéndolos todos en un colador y volcándolos al unísono. Una vez que se han metido los huevos en el agua que ya está hirviendo hay que contar 6 minutos desde que el agua empieza de nuevo a hervir.

La clara del huevo es la que contiene las proteínas y además está exenta de grasas.

Además es más digestiva cuanto más batida o cocinada esté.

Huevos escalfados con maestría

Para no convertir en un desastre los huevos escalfados hay que meter como máximo 3 en la misma cazuela.

El truco para que salgan bien es echar primero el huevo en una taza pequeña y volcarlo en el agua con un gesto seco, para que tanto la yema como la clara caigan al mismo tiempo.

Pasados tres minutos se sacan y se meten en agua helada para que dejen de hacerse.

Cuando se hacen huevos escalfados se echa siempre vinagre de alcohol pero no sal, porque la sal acelera la cocción de la clara.

Judías blancas como solución

Este es un truco para aprovechar los restos de un guiso.

Si han sobrado judías blancas y no sabe qué hacer con ellas, la solución es fácil. Simplemente hay que quitarles la salsa que las rodeaba anteriormente y lavarlas con agua caliente como si estuvieran crudas.

Luego se escurren para librarlas del agua y se preparan con el aliño que se desee.

Judías verdes bien cocinadas

Para conseguir que las judías verdes no pierdan su color hay que cocinarlas con mucha agua y echarlas a la cazuela sólo cuando el agua ya esté hiviendo.

Además conviene no tapar la cazuela, ya que así se escapan los ácidos volátiles.

También se puede recurrir al truco del hielo (ver hielo).

Kiwi de maduración rápida

Si necesitas un kiwi que está demasiado verde, ¿cómo lograr que madure más rápidamente de lo normal? El truco está en rodearlo de manzanas.

Éstas, al desprender al igual que el kiwi una sustancia química denominada etileno, hacen que madure mucho más rápido.

Langostinos con estilo y sabor

Para pelar langostinos sin que esto se convierta en una tarea pesadísima, el truco está en quitar el anillo que sigue después de la cabeza.

Luego sólo hay que tirar con los dedos de la punta de la cola y saldrá toda la cáscara limpiamente.

Nunca hay que guardar los langostinos en el frigorífico porque el frío "congela" su aroma y pierden mucho el sabor, además de absorber el resto de los olores y también porque la carne es muy delicada y con el frío se pone algodonosa.

A la hora de cocer los langostinos hay que tener presente que se necesita mucha agua porque si hay demasiados langostinos, el exceso termina rebajando la temperatura del agua y eso no es bueno. De esta manera hay que contar con un recipiente adecuado y si no se tiene, cocerlos en dos o tres tandas.

Laurel: poco y dosificado

El laurel tiene un aroma muy fuerte, de tal modo que nunca hay que abusar, a no ser que se pretenda que lo que se está preparando sepa enteramente a laurel.

Aunque parezca mentira, con la mitad de una hoja es suficiente. Además, dependiendo del tipo de laurel, unas veces es más fuerte que otras.

El laurel se puede sustituir por el apio, sobre todo para las personas que tengan delicado el corazón, ya que el laurel es un tonificante cardiaco.

Lechuga limpia y jugosa

Una de las batallas cotidianas es conseguir que la lechuga esté muy limpia. Para lograrlo el remedio es sencillo.

Consiste en coger la lechuga por la base, ponerla del revés y lavarla en un bol lleno de agua con vinagre mientras se le da vueltas de un lado a otro.

Legumbres bien tratadas

La cocción de las legumbres debe ser siempre lenta y con un hervor débil.

Si por alguna razón el hervor se rompe, no hay que subir el fuego al máximo para que comience a hervir de nuevo rápidamente, porque reventaría la piel de las legumbres.

Lo que hay que hacer es ir subiendo el fuego poco a poco.

Para conseguir que las legumbres salgan más suaves y blandas del proceso de cocción hay que poner un poco de bicarbonato mientras están en remojo y añadir un poco de bicarbonato más en el agua de cocción.

Cuando se hace un puré de legumbres no hay que sumergir las legumbres en el agua, sino calcular muy bien el agua justa.

Una vez en el proceso de cocción, justo en medio, se va añadiendo agua hirviendo.

Las alubias resultarán más digestivas si se sustituye el primer agua de cocción por otra agua con unas cucharadas de aceite.

Para que los garbanzos salgan tiernos hay que ponerlos a cocer en agua templada y si luego hay que añadir más agua, siempre habrá que añadirla caliente.

El resto de las legumbres se pone a cocer en agua fría y si se añade después tiene que ser fría también.

En el caso de las judías la única diferencia es que conviene echar un chorro de agua fría tres veces durante la cocción (aunque no necesiten más agua) para que salgan más blandas.

Lengua bien cocinada

Cuando se cocina lengua, mientras se esté haciendo hay que estar muy pendiente de quitar con una espumadera las impurezas que suben a la superficie.

Es difícil hacer lengua porque poco hecha estará muy dura y pasada estará "chiclosa" y blanda.

Para saber cuándo está en su punto hay que traspasar la lengua con una aguja de tricotar; si al hacerlo no se nota resistencia, ya está en su punto.

Para conseguir que la lengua tenga más gusto se la puede cubrir de sal gorda y mantenerla así durante 48 horas en el frigorífico.

También se la puede cocer casi hasta el final en su caldo y después freírla.

Lentejas con poca cocción

Depende del tipo de lenteja, pero hay algunas que tienen tendencia a deshacerse mucho en la cocción.

Para evitarlo, es mejor no meterlas en remojo la noche anterior y limpiarlas directamente.

Se cuecen una primera vez y se tira ese agua; luego se cocinan normalmente, pero vigilando que no sea mucho tiempo.

Limón todo terreno

El limón puede sustituir perfectamente al vinagre en las ensaladas y en las mahonesas, porque además de ser una fuente de vitaminas, realza los sabores.

Siempre es mejor conservar los limones en el frigorífico con las verduras porque fuera se secan con más facilidad.

Si se quieren conservar los limones frescos durante una semana basta con tenerlos en un bol con agua y cambiarla todos los días.

El mejor truco para sacarle todo el jugo (y nunca mejor dicho) al limón es pasarlo por un chorro de agua caliente antes de exprimirlo y luego rodarlo sobre la mesa haciendo algo de fuerza.

Un truco algo alejado de la gastronomía pero muy útil en verano es saber que el limón ahuyenta los insectos.

Limonada de mejor calidad

Hacer una limonada es lo más simple del mundo, pero hay un truco para conseguir hacer una limonada "fuera de lo común".

Consiste en dejar una noche el jugo de limón con el azúcar (y la corteza del limón para los amantes del amargor que dé éste). Sólo después se añade el agua y se cuela para evitar que caiga la rayadura de la piel del limón.

El único problema de hacer la limonada en gran cantidad es que pierde sus vitaminas rápidamente.

Lombarda en su color

Como para muchas otras verduras, si se quiere conservar el color de la lombarda (ese color vino tan característico de esta verdura), hay que añadir una cucharada de vinagre al agua cuando ésta está cociendose.

Maíz para todos

Cuando se haga el maíz cocido conviene echar un poco de leche para que los granos estén más ligeros. Al tostarlo o hacerlo al grill es imprescindible no quitarle las hojas verdes, ya que el fuego directo hace que los granos se endurezcan.

Para que salgan unas buenas palomitas de maíz se pueden poner 3 cucharadas soperas de aceite con sal y calentar las palomitas a fuego lento, teniendo además mucho cuidado de taparlas para que no salten.

Manzana con truco manual

Al hacer manzanas al horno hay que realizar una incisión circular a todo lo ancho de la manzana, para evitar el riesgo de que pueda explotar durante la cocción.

Al cocinar las manzanas es mejor elegirlas de un tamaño mediano porque si no, lo más seguro es que el corazón de la manzana no se haga del todo.

Una buena mezcla para un plato salado es el de la manzana con la cebolla. Al hacer carne o pollo, por ejemplo, se puede poner de guarnición una manzana ahuecada a la que se rellena de cebolla asada. Un truco casi de supervivencia.

Si se quieren hacer aros de manzana para realizar una tarta y no se tiene un aparato específico para hacerlo, lo que sirve perfectamente es utilizar un envase de hojalata.

Se quitan con un abrelatas las dos tapas.

Se corta la manzana en rodajas y para hacer los aros se coge el envase y se presiona en la rodaja de manzana. De esta manera saldrán aros perfectos para una tarta o un bizcocho.

Como la manzana se pone negra casi en cuanto se pela, hay que frotarla con un limón y pelarla en el último momento.

Marinar: fórmula infalible

Al marinar la carne, nunca hay que echarle la sal porque hace que se cueza la carne. Sin embargo, siempre hay que recubrirla de aceite de oliva para que no se oxide ni se reseque, además de que el aceite recoge el aroma de los demás ingredientes de la marinada.

El tiempo máximo que hay que contar cuando se marina es 24 horas, porque más tiempo puede hacer que la carne fermente.

80

Es mejor utilizar utensilios de madera cuando se manipule la carne que se está marinando y envolverla con papel absorbente nada más retirarla de la preparación en la que ha estado marinando.

El aceite se puede utilizar para hacer otras comidas.

El secreto para unos camarones o una carne marinada de forma dulce es juntar salsa de chile chipotle picante con miel y añadir esta mezcla poco antes de terminar la cocción.

Mayonesa: ¿cómo hacerla sin problemas?

A veces, conseguir hacer una mayonesa se convierte en una auténtica pesadilla. Hay muchos detalles que ayudan a que ésta se haga sin problema, pero este consejo puede no ser tan conocido, aunque es muy importante.

Consiste en lo siguiente: al aceite y las yemas de los huevos tienen que estar a la misma temperatura y si no se han sacado los huevos a tiempo, hay que dejarlos un rato en un vaso con agua templada hasta que se pongan a temperatura ambiente.

También, antes de montar la mayonesa hay que diluir las yemas en un poco de vinagre. Luego hay que empezar echando el aceite gota a gota para pasar a echarlo en un hilillo y luego ya del todo, cuando notemos que haya cuajado.

La mayonesa tiene que tener un gusto muy suave, muy ligero. Para conseguirlo, se puede echar al final una cucharada sopera de vinagre hirviendo o media, o una clara entera en punto de nieve.

Si la mayonesa se estropea, hay algunos remedios:

— Se pone una yema en un plato y se va añadiendo con cuidado la mayonesa.

— Se machaca un trozo de patata cocida y se le va añadiendo la mayonesa cortada con una cuchara pequeña y sin dejar de batir.

— Se bate de nuevo la mayonesa y se pone en un tazón una miga de pan pequeña que se moja en vinagre o en zumo de limón.

— Otra sugerencia es añadir un huevo escalfado en lugar de uno crudo.

— En el momento que se vea que se corre el riesgo de que se corte se añade algo de vinagre, pero poco.

Melón bien empapelado

Si no quiere que el melón tome el sabor de otros alimentos cuando está en el frigorífico lo mejor es taparlo con papel transparente.

Esta regla no sólo sirve para el melón sino para otros muchos alimentos, teniendo en cuenta que el papel transparente se puede utilizar con todos los alimentos y los platos ya hechos, cosa que no ocurre con el papel de aluminio.

El papel de aluminio no debe utilizarse con las frutas ácidas pues descompone la composición de plomo del papel y se oxida, afectando esto a la fruta y por ende a quien se la coma posteriormente.

Con respecto a los envases de plástico hay que decir que, aunque sean muy cómodos, es mucho más higiénico el cristal o el gres porque el alimento suda menos.

Membrillo en su punto justo

Esta fruta se conserva bastante bien a condición de que esté en un lugar fresco y aireado. Si el membrillo está demasiado duro o demasiado amargo, hay que blanquerlo en agua hirviendo.

También conviene recurrir al zumo de limón para que no ennegrezca.

Si el sabor del membrillo resulta demasiado fuerte, el truco consiste en colocar los membrillos en una ensaladera llena de manzanas, ya que éstas cogerán el olor del membrillo.

Microondas: algunos consejos

El fuego del microondas es un fuego especial ya que se basa en ondas electromagnéticas.

Por esta razón hay que tener muy claro qué es lo que se puede hacer en el microondas y qué no.

Las conchas: poniéndolas varios minutos se abren sin problema y conservan su gusto.

El pescado (filetes de): es perfecto para este caso porque no produce olores.

La fruta: picadas de antemano se cuecen perfectamente en su jugo.

Miel al baño María

Si la miel se queda dura, nunca hay que calentarla directamente en una cacerola sino calentarla al baño maría, ya que de lo contrario perderá su aroma.

Moluscos al limón

Si se comen crudos hay que rociarlos abundantemente de limón, ya que éste es un buen antiséptico y además él da buen sabor.

Nabos de última hora

El nabo es mejor cortarlo en el último momento porque se oxida muy fácilmente y puede afectar al intestino.

Nueces siempre frescas

Si se quieren arreglar unas nueces que se han quedado secas, hay que meterlas durante unas horas en un envase con agua salada o azucarada. También si se dejan una noche en leche, volverán a recuperar el sabor de cuando estaban frescas.

Paella de buena mano

La manera más cómoda y sencilla de conseguir una paella ligera sin que se pegue el arroz consiste en envolver papel absorbente en un tenedor y empaparlo de aceite.

Basta con pasar el tenedor varias veces por la paellera para que quede uniforme.

El arroz caldoso debe servirse inmediatamente para evitar que absorba todo el caldo.

El arroz seco tiene que reposar unos minutos después de terminado para que coja su punto justo.

En las paellas, la proporción de líquido es el doble a la del arroz.

Como cada arroz tiene un punto de cocción, conviene que del caldo caliente que tenemos hecho reservemos una taza para añadirlo en caso de que fuera necesario.

El caldo de una paella siempre debe estar muy caliente al echarlo sobre el arroz.

Algunas personas expertas echan el líquido antes que el arroz, simplemente sabiendo que la medida de líquido en una paellera tiene que llegar a la altura de los remaches de una paellera.

Si se ha terminado el caldo cuando cocinamos la paella, y los granos de la superficie de la paella no están cocidos, se cubre el arroz con un paño húmedo tapando esa parte seca durante el tiempo de reposo de la paella (unos 5 minutos), ya apagado el fuego. De esta manera la humedad del paño y el calor que todavía desprende la paella ablandará los granos secos.

Si el arroz de la paella se pega al fondo de la paellera o de la cazuela, se coloca el recipiente sobre el fregadero sobre un paño mojado.

De esta manera lo que esté pegado se irá despegando poco a poco. Éste es un truco muy sencillo pero muy eficaz.

Pan rallado casero

El pan rallado se puede hacer en el día si se tiene pan duro del día anterior.

Basta con rallarlo muy fino o pasarlo por un tamizador y tendrá el mismo pan rallado que se compra.

Papel de aluminio

Siempre hay que utilizarlo por la cara mate, ya que la otra puede oxidar los alimentos.

Se puede meter una cacerola con las asas de plástico en el horno cubriéndolas con varias capas de papel de aluminio.

Pasas en su sitio

Los amantes de la repostería ya lo habrán experimentado: al hacer una tarta con pasas, éstas se van al fondo.

Para evitarlo basta con rebozarlas con un poco de harina y no se escurrirán al fondo.

Pasta: crece siempre el doble

Una cucharada de aceite en el agua de la pasta evitará que ésta se pegue. Si se quiere conseguir un toque original de sabor se puede sustituir el agua por caldo de verduras o de pescado, dependiendo de para qué receta se vayan a preparar.

A no ser que se tenga mucha prisa es mejor cocer la pasta destapada; al terminar hay que escurrir el agua de cocción en un colador.

Calcular las cantidades de pasta, como las de arroz, siempre plantea dilemas.

Y no sólo para saber qué cantidad hemos de echar para determinado número de personas sino qué cacerola utilizar. Para esto, conviene pensar que la pasta dobla su volumen al cocerse.

Pastelería bien controlada

Además de untar el recipiente de mantequilla al hacer un bizcocho hay que espolvorearlo de harina, porque eso evitará no sólo que no se pegue, sino que no se queme.

Aunque parezca de lógica aplastante hay que recordar que cuando se hace un pastel, si se cambian las cantidades (para más personas o menos que la receta inicial) hay que cambiar la temperatura del horno y el tiempo de cocción.

Patatas: trucos y consejos de buen "gourmet"

Este consejo es más bien de sentido común, pero tampoco sobra: al hacer patatas cocidas conviene escogerlas todas más o menos del mismo tamaño, porque de lo contrario las pequeñas estarán hechas cuando a las grandes les falte todavía bastante.

Éste es un truco esencial para los amantes de las patatas fritas. Por alguna razón, no siempre las patatas fritas salen igual de buenas. El motivo está en que no todas las patatas sirven para que se hagan fritas.

Ahora bien, ¿cómo se sabe cuales son las buenas para hacer patatas fritas y cuáles no? Pues bien, se juntan 300 gramos de sal en un litro de agua y se echa una patata. Cuanto más rápido suba a la superficie, mejor será para hacer patatas fritas.

Las patatas hay que lavarlas y sobre todo secarlas antes de echarlas al aceite, porque de lo contrario se arma un chisporroteo horrible y peligroso.

El truco para hacer las patatas fritas es hacerlas en dos tiempos: primero se fríen a 130 grados centígrados sin que lleguen a dorarse y luego se retiran y se vuelven a hacer a 200 grados centígrados para que se doren y se pongan tan crujientes como se desee.

Si se quiere evitar que toda la casa huela a patatas fritas, lo mejor es echar una rama de perejil en el aceite.

No conviene pelar las patatas pequeñas que son nuevas. La razón está en que como su carne es muy delicada, al cocerlas la primera capa se vuelve harinosa con lo que casi desaparece, quedándonos prácticamente sin patata.

Para conseguir que su sabor y su textura permanezcan hay que lavarlas y envolverlas en un paño con sal gorda, luego se cierra y se manipula de manera que la sal impregne la piel, gracias a lo cual ésta permanecerá.

Se sabe que una patata está cocida cuando, al pinchar un cuchillo en la patata y extraerlo, el cuchillo no arrastra la patata tras de sí.

Cuando se hace puré de patatas lo mejor es recurrir al viejo método. Es decir, pasar las patatas cocidas por un pasapuré y luego incorporar leche, que siempre ha de estar muy caliente o hirviendo, pero nunca fría.

Si se quiere se puede pasar de nuevo la patata por el pasapuré para conseguir que sea aún más fino. El secreto además está en añadir tanta mantequilla como admita o también aceite de oliva.

Para lograr un puré más sabroso, echad una yema de huevo.

Al hacer ensalada de patata, para que estén jugosas, una vez que están cortadas estando muy calientes, hay que aliñarlas rápidamente con vino blanco (o rojo), sal, pimienta y chalotes cortados (o perejil).

Además se puede hacer también con algunas cucharadas de caldo o con aceite mezclado con mostaza.

Para hacer patatas soufflé conviene tener en cuenta lo siguiente: hay que cortarlas con un grosor de medio centímetro. Después se echan en aceite no muy caliente y en el momento que asciendan a la superficie, se sube el fuego casi al máximo.

Tan pronto como se hinchen hay que sacarlas y cuando la temperatura del aceite llegue a su máximo, se meten de nuevo y se retira la sartén del fuego dejándolas dentro todavía un minuto.

Pescado: todo sobre su forma de prepararlo

Una manera curiosa de librarse de las escamas del pescado es utilizando una concha de Santiago. A falta de un aparato más sofisticado o especializado, la concha de Santiago es mejor que un cuchillo.

Un buen truco para cocer el pescado es hacerlo con aceite, dos o tres cucharadas de agua y un poco de zumo de limón. Luego se puede añadir agua si es necesario.

Para conseguir que los filetes de pescado estén muy blancos, el agua tiene que tener mucho limón. La harina que se emplea para freír pescado es de trigo, más gruesa y más oscura que la que se utiliza en repostería y es especial para freír pescado.

Cuando se fríen filetes de pescado hay que estar muy pendientes de que no tengan agua. Hay que secarlos lo mejor posible, sazonarlos con sal y rebozarlos en harina.

Pero antes de freírlos hay que eliminar el exceso de harina, porque si no ésta absorbe el agua y al freír el pescado se queda pegada a la carne. Es excelente quitar la harina con un cedazo o colador.

Al hacer una fritura de pescado hay que tener mucho cuidado con el aceite.

Cuando el pescado es pequeño, el aceite tiene que estar muy caliente porque al meter el pescado, la temperatura baja de tal manera que cuanto más caliente esté menos tardará en recuperarse.

Cuando el pescado es más grande no tiene que estar tan caliente sino bastante caliente; después de meter el pescado hay que subir el fuego progresivamente.

Un truco para saber cuándo está hecho un pescado consiste en pinchar con un cuchillo la carne que está pegada a la espina. Si la carne se desprende fácilmente es que está hecho, si la carne sigue pegada a la espina es que hay que seguir friéndolo.

El pescado congelado tiene las mismas propiedades nutritivas que el fresco.

Para descongelarlo, si se tiene prisa, hay que sumergirlo en agua fría con 3 ó 4 cucharadas de sal.

Si no se necesita tan rápidamente, entonces se deja en el frigorífico en la parte baja entre 8 y 21 horas, dependiendo de lo grande que sea la pieza.

Si se abre un envase y el pescado en conserva tiene mucho olor a hojalata se puede remediar fácilmente sacando el contenido y poniéndolo en un bol con la misma mezcla que tenía: bien agua, escabeche o aceite, durante una hora.

El pescado frito sabrá mejor si antes de hacerlo se humedece en leche fría del día, antes de enharinarlo.

Asimismo, los boquerones y sardinas pequeñas tendrán un sabor especial si se humedecen en cerveza antes de enharinarlos para freírse.

El pescado congelado debe descongelarse de la siguiente manera: se pone el pescado en agua fría cubriéndolo con unas 3 cucharadas de sal y se tiene más o menos una hora. Cuando se haya ablandado, se saca, se lava, se seca y se prepara como si estuviera fresco.

Pimienta en su momento

La pimienta en grano se utiliza para algunos caldos, pero lo único a tener en cuenta es que hay que echarla al agua tan sólo 10 minutos antes de que termine la cocción porque si no dará un sabor amargo.

Pimientos solos y rellenos

Para muchos, si no la mayoría, la piel de los pimientos resulta muy indigesta además de ser muy dura.

Para paliar en parte este inconveniente (ya que los pimientos gozan de gran aceptación entre el gusto culinario general), se puede recurrir a dos técnicas:

— Se pueden colocar los pimientos en el grill y esperar hasta que se queme la piel, a que se ponga literalmente negra para poder quitarla sin problema.

— También se pueden freír los pimientos en aceite hirviendo durante dos minutos, tras los cuales se secan y se pelan.

Al hacer pimientos rellenos conviene no rellenarlos del todo ya que al cocinarlos, la carne del pimiento se desploma, con lo que deja de existir el amplio hueco de cuando están crudos.

Para aumentar el color de los pimientos rojos o amarillos cuando se hace puré se puede echar un poco de azafrán.

Pollo bien elegido, mejor cocinado

Veamos algunos trucos relativos a la elección del pollo para que en cada ocasión salga como es debido.

— Si se va a asar un pollo es mejor que nos lo den lo más graso posible para que se seque lo menos posible.

— Cuando se hace un pollo en *cocotte* entonces hay que hacer lo contrario, elegirlo un poco menos graso.

— Cuando se trate de un guisado con el pollo troceado es mejor comprar dos pollos pequeños en lugar de uno grande, puesto que dará para que haya más trozos.

Si se teme que haya algún resto de bilis en el pollo, lo mejor es lavarlo concienzudamente con agua caliente y después secarlo bien con un paño limpio.

Un truco sobre posiciones. La manera de colocar un pollo en el horno no es cualquiera.

Hay que elegir una bandeja de las mismas dimensiones que el pollo para que la grasa se consuma lo menos posible y colocar el pollo de costado y luego del otro.

Sólo a mitad de la cocción se coloca con el vientre boca abajo para que la pechuga no se quede seca. No hay que fiarse del todo de los tiempos que se dan para asar un pollo.

Hay muchos factores que intervienen, como el material de la bandeja, ya que no transmite igual el calor el barro que el hierro, por poner un ejemplo.

La prueba definitiva es pinchar una aguja gorda o un pincho de cocina en el muslo, que es la parte que más tarda.

Si al sacarlo el jugo que sale es sangrante, el pollo no está hecho, de lo contrario ya se puede apagar el horno.

Pularda: una solución ingeniosa

Éste es un truco original para hacer la pularda de manera muy sencilla. Es una manera de asar la pularda con una costra de harina, lo que permite conservar todo el sabor y dorarse al mismo tiempo sin ningún problema.

Se trata simplemente de hacer una pasta mezclando 300 gramos de sal gorda y 1 kilo de harina y de agua.

Se amasa la pasta y una parte se corta y se pone como soporte encima de la bandeja.

Sobre ella se coloca la pularda y luego se enrolla el resto de la masa por la pularda, juntándolo con la pasta que hace de base de manera que quede cerrado del todo.

Después se "pinta" la masa con las yemas de huevo batidas y se mete en el horno.

Si se quiere poner más sabor se le puede echar tomillo a la masa.

Este truco ayuda a conservar la pularda caliente al menos una hora sin problema. La masa por supuesto, no se come.

Pulpo con corcho

La carne del pulpo es tan dura que incluso se bromea con que para estar seguros de cuando un pulpo está hecho hay que meter una piedra y cuando la piedra se ablande, es que ya está el pulpo.

A falta de poder hacer que una piedra se ablande, conviene practicar el "truco de la abuela" que es el de meter un corcho ya que, aunque no es eficaz al cien por cien, sí ayuda algo a que la carne se ablande y suavice bastante.

Puré como recién hecho

Si se quiere servir un puré que ya se ha hecho hace unas horas, lo mejor es cubrirlo con un poco de leche y calentarlo al baño maría.

Al servirlo, se bate y parecerá recién hecho.

Queso rallado bien conservado

Para lograr que el queso rallado dure más que en una bolsa de plástico, es mejor mojar un paño en agua salada, escurrirlo y meter ahí el queso. Para guardarlo en el frigorífico, basta con un tarro de cristal.

Relleno de carne picada

Para que un relleno funcione debe prepararse la noche anterior, para que repose. Este tiempo ayuda a que todos lo ingredientes impriman mayor sabor a la carne.

La sazón perfecta para la carne picada como relleno es de una cuchara grande de sal, 5 gramos de pimienta y una pizca de especias diferentes.

Antes de tocar el relleno conviene mojarse las manos porque si no se quedará pegado.

Remolacha de vivos colores

Es fácil reconocer de qué manera una remolacha ha sido cocinada. Si tiene la piel lisa es que se ha cocido y si la tiene rugosa es que se ha hecho al horno.

Como la remolacha tiene mucha agua, si se sirve en ensalada hay que aliñarla mucho antes con aceite, vinagre, sal y pimienta para que se impregne bien.

Sin embargo, en una ensalada mixta, lo último que hay que poner es la remolacha porque tiñe todo con su color.

El zumo de naranja y la remolacha hacen muy buena pareja.

Se puede freír la remolacha ya cortada en un fondo de mantequilla y zumo de naranja previamente reducido, que se consigue poniendo zumo en una pequeña sartén y calentándolo hasta que se reduce.

Repollo con soluciones añadidas

Cocido dos veces, tirando el primer agua, en lugar de una, hará rebajar la flatulencia que produce.

Si quieres conservar un caldo durante varios días es mejor sacar el repollo de éste, porque de lo contrario se agria.

Cuando alguien se quema en la cocina, conviene planchar una hoja de repollo y aplicarla a la quemadura porque impide que se infecte la ampolla.

Sal en la cocción

Siempre hay que añadir la sal al agua cuando está hirviendo, pero nunca antes de empezar, cuando el agua está fría. La razón es que la sal hace retrasar el momento de ebullición del agua. Además la sal hace que se estabilice la ebullición.

Cuando se estén caramelizando cebollas u otras verduras de raíz, no hay que añadir la sal hasta que la verdura esté muy dorada, porque la sal retrasaría el proceso de caramelización.

Salchichón con moho

No hay que asustarse si al salchichón le sale moho. Se coge un paño mojado de agua salada y se frota la piel del salchichón hasta lograr quitar el moho.

También si se envuelve el salchichón en un paño húmedo será más fácil quitar la piel.

Salmón: rosado y graso en exceso

Un poco de bicarbonato en al agua de cocción ayudará a que el salmón tenga un color más rosado.

El salmón es muy graso, por lo que conviene hacerlo en el horno con muy poco aceite y el zumo de un limón para compensar su propia grasa. Tanto ahumado como fresco congela muy bien.

Ternera: prueba de reconocimiento

Para lograr una perfecta cocción de una pieza como la aguja de ternera, lo que hay que conseguir es que el pedazo de carne no toque el fondo de la sartén, porque se corre el riesgo de que la parte que da al fondo se haga más que el resto.

Para evitarlo hay que recurrir a una práctica algo manual pero efectiva. Se trata de atar la pieza al palo de una espátula de madera que sobrepase el diámetro de la sartén o la cacerola.

Antes de que empiece a cocer hay que colocar la espátula y desenrollar el hilo que sujeta la pieza hasta que se introduzca a una altura conveniente en la sartén.

Si lo que se tienen son bistecs de ternera y se pretende que salgan sabrosos, prueba a enharinarlos primero un poco, luego pasarlos por huevo batido y finalmente por pan rallado.

Si al freír un bistec de ternera pierde mucha agua y su volumen se reduce casi a la mitad, es que la calidad no es muy buena.

Tocino fresco y en su punto

El tocino siempre ha de blanquearse tanto para quitarle sus impurezas como para desalarlo. Para conseguirlo hay que echar el tocino en la olla cuando el agua está fría y luego hacer que hierva progresivamente.

Cuando hayan pasado algunos minutos de ebullición, se saca el tocino y se escurre.

Para freír el tocino, no utilizar aceite, sino freírlo en una sartén anti-adhesiva, ya que su propia grasa es suficiente. Para que no se ablande no hay que servirlo en los platos más que hasta el último momento.

Tortilla en cinco movimientos

Pocos serán los que necesiten algo de ayuda para saber cómo se hace una tortilla y cuáles son los trucos más útiles para conseguir hacer la tortilla casi perfecta.

La verdad es que en cuestiones de tortilla cada persona tiene su estilo, pero no está de más añadir o recordar ciertas cosas.

— Una tortilla no debería tener más de 6 huevos, ya que de lo contrario se corre el riesgo de que salga mal.

— No hay que batir excesivamente el huevo cuando se prepara para una tortilla.

— Este toque es verdaderamente especial y diferente: añadir un poco de leche o de crema ácida al huevo batido. Esto le dará mayor suavidad al huevo.

99

— Conviene hacer la tortilla en una sartén de hierro fundido y calentarla antes con sal gorda para evitar que el huevo se queme.

— Por cada 3 huevos de una tortilla se puede añadir una clara, porque hará que salga más jugosa.

Tuétano atado y bien atado

Para evitar que la carne del tuétano no se salga hay un truco curioso, que consiste en taponar las dos aberturas con una rodaja de zanahoria y cerrarlo con cuerda como si se tratara de un paquete.

Verduras: todo sobre su preparación

A la hora de hacer un plato en el que haya más de una verdura, conviene hacerlas por separado para que cada una conserve su sabor.

Si esto es demasiado pesado, por lo menos hay que tener en cuenta los diferentes tiempos de cocción de cada verdura y respetarlo.

Se necesita mucha agua para cocer las verduras y no debe emplearse más sal que la cantidad de 20 gramos por litro. Conviene no tapar la cazuela y contar los minutos de cocción a partir de que, una vez hechas las verduras, el agua comienza a hervir de nuevo.

Además de escurrir las verduras, cuando ya estén cocidas conviene volcarlas de nuevo en la cazuela y "secarlas" sin más durante un ratito en el fuego para que se vaya toda la humedad.

Cuando se cocinan verduras con carne, nunca hay que ponerlas al mismo tiempo sino añadirlas 30 minutos antes de que termine de hacerse la carne. El único problema es que al añadirlas tan tarde no da tiempo a que impregnen la carne con su sabor.

El truco está en lavar las peladuras (puerro, nabos, zanahorias...), ponerlas en una paño finito y meterlas en el agua cuando empieza a hervir.

Esto ayudará a que las verduras aromaticen la carne. Para preparar las verduras es mejor usar cazuelas y cucharas de acero inoxidable.

Hay que lavarlas rápidamente y dejarlas en agua únicamente unos minutos para que las verduras no pierdan sus sales minerales.

Para que las verduras y ensaladas desprendan los insectos, se añade en el agua un chorro de vinagre o de limón.

Para que las verduras que se han quedado lacias recuperen su tono, hay que lavarlas y meterlas húmedas en un plástico en la nevera.

El agua de cocer las verduras se puede aprovechar para consomés o para hacer purés, para no desperdiciar sus nutrientes.

Cuando se estén salteando verduras como el champiñón o los pimientos, por ejemplo, cuando empiecen a coger color dorado, se añaden dos cucharas de vino o de agua.

Ese líquido crea un vapor que ayudará a que las verduras se hagan más rápidamente.

Al lavar los champiñones o las patatas se puede añadir un poco de sal para ayudar a que se vaya la suciedad.

Vinagre: usos variopintos

Es una alternativa al vino cuando no lo tenemos para cocinar y simplemente se trata de mezclar dos cucharadas soperas de vinagre con media cucharada de agua y una cucharada sopera de azúcar. Se mezcla todo muy bien.

Aunque está especificado en las verduras, el vinagre es un buen desinfectante para limpiar éstas.

Cuando se pega la comida, se pone a calentar la cazuela con la mitad de agua y la mitad de vinagre hasta que el fondo quemado se despegue.

Se puede añadir vinagre blanco al cocer las patatas porque la acidez de éste ayudará a que se hagan uniformemente y que no se rompan.

La batería de acero inoxidable se limpia mejor con agua y con vinagre.

Yogur para suavizar carne y pescado

El yogur tiene unas virtudes insospechadas. Debido a los ácidos que tiene es buenísimo para suavizar la carne o el pescado.

Así, si se pretende ablandar una carne o un pescado, basta con dejarlo marinar en una mezcla de yogur y leche.

Zanahoria bien tratada y mejor aprovechada

Las zanahorias grandes no se cuecen bien por dentro. Para evitar que se queden crudas o un poco más duras que el resto, conviene hacerles una incisión con el cuchillo a todo lo largo sin que lleguen a partirse por la mitad. De esta simple manera se logrará que se cuezan del todo.

Cuando se utilicen las zanahorias en un potaje hay que desprenderse de la parte del centro y no emplear más que la parte naranja, puesto que la otra no sirve para nada.

¿Qué hay que Saber de...?

5. *¿Qué hay que Saber de...?*

Todos estamos interesados en los secretos de la cocción, porque es la textura de los alimentos cuando los cocinamos lo que hace que una comida tenga el punto justo. Pero como en todas las cosas lo más importante, además de unas reglas generales, es el interés que apliquemos a la receta que queramos realizar y siempre es más importante quedar un poco cortos que pasarnos, porque de esta manera el plato preparado quedaría seco, pasado e incomible.

¿Qué hay que saber de la cocción?

En mucha agua fría: necesario para las hortalizas frescas, el pescado, la carne para caldo y los huevos con cáscara.

En mucha agua templada: para las legumbres secas y ablandadas.

En mucha agua hirviendo: el arroz, la pasta, algunas verduras, la carne para el cocido y los huevos con cáscara.

En poca agua hirviendo: el pescado de agua dulce y a veces el pollo y los huevos.

Al baño maría: para salsas, cremas y budines.

Al vapor: para el pescado y casi todas las verduras.

Prácticamente es de todos sabido que el valor nutritivo de los alimentos y sus vitaminas existe en su totalidad cuando

105

éstos están crudos. La cocción, sin embargo, es el método más conveniente para conservar esos valores. Aún así conviene recordar que el calor destruye una gran parte de las vitaminas A, B y C de los alimentos, y que cuanto más se someta a cocción un alimento, mayor pérdida de vitaminas habrá. Un consejo para evitar que se pierdan más vitaminas de lo normal es tapar siempre las cazuelas, ya que el contacto con el aire de los alimentos hace que se destruya más la vitamina C.

Con respecto a la cocción en la olla exprés hay que advertir que:

— Hay que usar la menor cantidad de líquido teniendo en cuenta que con la olla exprés no existe la evaporación.

— Hay que tener cuidado con la cantidad de especias que se echan porque el estar cerrado favorece la concentración.

¿Qué hay que saber de los asados y la parrilla?

EL ASADO: las carnes como la ternera, el pollo, el conejo o el pescado hay que embadurnarlas de aceite de oliva o mantequilla y especias antes de meterlas en el horno. Durante la cocción no hay que estar pinchando la carne continuamente, sino rociarla con su propia salsa una y otra vez para que no se seque. La sal ha de añadirse cuando la cocción ya esté avanzada.

LA PARRILLA: se preparan los alimentos como si fuera para un asado y se ponen en la parrilla cuando el fuego esté hecho brasas. La parrilla se utiliza para la carne de vaca, de ternera y de cerdo, así como el pescado que no sea muy grueso y muchas verduras. También en este caso se echa sal cuando ya está bastante hecho.

Un truco (o más bien un buen consejo) para conseguir un pescado, una carne o incluso unas verduras doradas, es no estar moviendo continuamente la cazuela o la sartén. Hay que tener paciencia y dejar que los alimentos se hagan a su ritmo lentamente, porque el movimiento evita que se doren.

¿Qué hay que saber de los fritos?

Fritos a calor medio (unos 140 grados centígrados): se debe utilizar esta temperatura para los alimentos que tienen que perder lentamente su humedad, como la carne y el pescado, o aquellos alimentos que tienen que hacerse en profundidad como las patatas.

Fritos a calor sostenido (unos 155 grados centígrados): para alimentos ya cocidos como las croquetas, por ejemplo.

Fritos a calor muy fuerte (unos 180 grados centígrados): para los alimentos muy pequeños que se hacen muy rápidamente, como la fritura de pescado.

¿Qué hay que saber de los guisados?

Con los guisados, el recipiente tiene que taparse y el fuego debe estar a una temperatura media.

Para los cortes de carne gruesos (pollo, caza, conejo, algunos pescados) hay que utilizar recipientes de paredes altas.

Para los cortes de carne pequeños (albóndigas) hay que utilizar cazuelas de acero inoxidable, aluminio antiadherente y barro.

107

Tiempos de cocción

Las verduras...

Acelgas	20-25 minutos
Alcachofas	20-30 minutos
Apio	30-40 minutos
Calabaza	30-40 minutos
Calabacines	20-30 minutos
Coles de Bruselas	10-25 minutos
Coliflor	10-20 minutos
Espárragos	25-35 minutos
Espinacas	30-40 minutos
Nabo	15-25 minutos
Remolacha	50-60 minutos
Patatas	40-50 minutos
Puerros	20-30 minutos
Zanahorias	25-35 minutos

Las legumbres...

Garbanzos	35 minutos además de ponerlos en remojo
Habas frescas	20-30 minutos
Judías frescas	30-60 minutos
Judías secas	40 minutos además del remojo
Judías tiernas	20-30 minutos
Lentejas	30 minutos
Guisantes frescos	30-40 minutos
Guisantes secos	35 minutos más el remojo

El pescado...

De 1 kilo	25- 30 minutos (hervido)
Bacalao de 1 kilo	50-60 minutos
Lenguado de 500 g	15-20 minutos
Langosta de 1 kilo	30-40 minutos

Cangrejo	Cuando hierve el agua, de 5 a 8 minutos
Carabinero	Se echan con el agua hirviendo y se cuentan 2 minutos. Luego se apaga y se tienen otros 10 más o menos
Centollo	15 minutos desde que el agua hierve
Cigala	Se meten con el agua hirviendo y cuando vuelve a hervir el agua se retira del fuego y se cuentan 8 minutos
Gamba	De 3 a 5 minutos desde que hierve el agua pero a fuego bajo
Langosta de 1 kilo	15 minutos hirviendo y 15 minutos dejándose enfriar (pero en el agua)
Langostinos	1 minuto cuando rompe de nuevo el hervor y se deja en el agua templada durante 10 minutos
Quisquillas	5 minutos desde que rompe el hervor cuando se vuelcan en el agua.
Percebes	5 minutos desde el nuevo hervor

La carne...

1 pollo de 1 kilo	45 minutos
1 gallina de 1 kilo	2 horas
1 pavo de 3 kilos	2 horas
1 kilo de vaca	1 hora y media
1 kilo de ternera	1 hora
1 kilo de cerdo	1 hora y media

En cuanto a la verdura cocida al horno...

Berenjenas	20-30 minutos
Calabacín	30-40 minutos
Patatas	50-60 minutos
Pimientos	50-60 minutos
Setas	30-40 minutos
Tomates	50-60 minutos

En cuanto a los asados...

1 pescado de un kilo	30-40 minutos
1 pollo normal	30-35 minutos
1 pavo normal (4 o5 kilos)	Casi 3 horas
1 kilo de cerdo	1 hora y media
1 kilo de cordero	1 hora y media
1 kilo de conejo	1 hora y media
1 kilo de vaca	40-45 minutos

Y la pasta y el arroz

Fideos	5-8 minutos
Arroz	15-20 minutos
Pasta	25 minutos

¿Qué hay que saber de las frituras?

Para freír cualquier alimento, hay que tener una sartén de paredes altas y un buen aceite de oliva, más un plato de harina gruesa para rebozar si es necesario.

El alimento que se ha de freír tiene que estar limpio y seco para que el aceite no salte, previamente salpimentado. Si se tiene que enharinar, es conveniente tener a mano un cedazo o colador de malla fina, para que la película de harina sea lo más fina posible.

El aceite tiene que estar caliente pero nunca humeante. Las personas que no tengan práctica en la fritura, pueden ver el punto del aceite si echan una porción de pan o una pequeña peladura de limón. En cuanto estén dorados, se puede introducir el alimento para su fritura.

Siempre hay que freír en tandas pequeñas para que el aceite no pierda su temperatura. Una buena fritura cierra el poro del alimento, conserva su propio jugo y humedad y tiene el punto justo de grasa.

Nada más terminar de freír, hay que pasar el alimento a una fuente con papel absorbente para eliminar todo resto de grasa.

Para los pescados pequeños, con 3 ó 4 minutos es suficiente. Para los más grandes, de 5 a 6 minutos.

¿Qué hay que saber de los aceites y las grasas?

El aceite es el ingrediente más inteligente de cualquier comida, porque en una proporción justa ayuda al buen sabor de la receta, siendo un excelente captador de sabores, dando al plato el punto de textura.

Otras grasas se pueden utilizar en alguna receta que lo requiera, como pueden ser grasas de cerdo, de oca, tocinos y mantequillas, pero siempre sabiendo que las grasas animales perjudican nuestra salud y congestionan nuestro sistema coronario. Además son las culpables del colesterol. Sin embargo, el aceite de oliva está considerado de todos los aceites vegetales el más beneficioso para nuestra salud.

Para cocinar con aceite es importante acostumbrarse a usar la cantidad justa para que la comida resulte equilibrada y gustosa.

Las grasas animales son más tóxicas, se descomponen con facilidad y dan un sabor diferente a las comidas.

Siempre que se cocina con grasa lo conveniente es escurrir el alimento con rejillas o con papel absorbente.

¿Qué hay que saber de los vinos?

No hay ningún gourmet en el mundo que discuta el hecho de que los vinos son el alma de una buena comida.

Elegirlo es todo un arte y saber saborearlo también.

Repasemos algunos conceptos básicos para manejarse dentro del mundo vinícola.

1. El vino blanco hay que servirlo frío, a unos 10 grados centígrados de temperatura, aunque se puede servir a 8 grados centígrados el vino de ese mismo año, pero destapándolos media hora antes.

El vino blanco seco y joven debe acompañar a los entremeses que sean de pescado, mientras que las sopas y los caldos deben ir acompañadas de vinos blancos secos pero delicados y agradables.

La pasta condimentada con salsas a base de pescado debe acompañarse de vino seco y el pescado con salsa de un vino blanco delicado.

El pescado hervido se lleva bien con el vino seco y perfumado, el queso con un vino con más cuerpo y los postres con los espumosos.

En cuanto al vino tinto, han de servirse a temperatura ambiente, es decir, entre 18 y 22 grados centígrados y descorcharlos un par de horas antes.

El vino tinto joven acompaña bien a los embutidos y las pastas, mientras que el arroz demanda un vino con cuerpo.

112

Las carnes hervidas y los guisos de carne necesitan vinos jóvenes, mientras que la caza necesita un vino perfumado y con cuerpo, cosa que también demandan los quesos.

Por su parte, la fruta se conforma con vinos tintos más suaves.

El vino rosado se sirve a una temperatura que no baje de los 7 grados centígrados ni que suba de los 9 grados centígrados.

Los secos y delicados acompañan los entremeses de carne y las legumbres además de las sopas, los caldos, el consomé, la sopa de pescado y el pescado condimentado con salsa picante.

No hay que utilizar vinos muy caros para la cocina porque, aparte de costosos, quizás el sabor se acusaría demasiado y no sería agradable para ese guiso en concreto.

Los vinos que están pasados tampoco se pueden utilizar para cocinar. Si tenemos vino en una preparación es conveniente que durante la cocción se rebaje la temperatura, bien bajando el fuego o la intensidad del calor de la placa o bien mediante una cucharada de agua fría.

De esta manera evitamos que el vino se requeme o se queme y le de un gusto requemado al plato.

Cuando se emplea vino en la cocina, esperamos a que el alcohol se haya evaporado para añadir el líquido necesario para la preparación de esa comida.

Es muy interesante utilizar en la cocina el mismo vino que se va a beber en la mesa, pero si es muy caro, se puede utilizar para cocinar uno del mismo tipo pero más sencillo.

¿Qué hay que saber de las hierbas aromáticas?

Por último, unas sugerencias acerca de las hierbas que mejor convienen a los diferentes platos y alimentos. Esto es relevante, ya que las especias marcan por completo el gusto de un plato y no está de más saber cómo utilizarlas en cada caso.

De hecho, su mala utilización puede haber arruinado más de una vez alguna comida.

— La albahaca es mejor utilizarla en los platos que lleven tomate, huevo y queso.

— El anís suele usarse para la pastelería y los postres.

— El apio sirve en los estofados, las sopas, los sofritos y algunas salsas.

— El comino para las salsas y los encurtidos.

— El estragón para las ensaladas, los guisados y muchas salsas.

— El laurel para los asados, los guisos, las sopas y el escabeche.

— La menta para el cordero y algunas salsas.

— El orégano para la pizza, por supuesto, y guisados con tomate, calabacines y pasta.

— El perejil para la sopa, la carne, el pescado, la verdura, los huevos, las salsas y las ensaladas.

— El romero para los asados y el escabeche.

— El tomillo para las verduras, las salsas, el escabeche y la carne al horno.

Vocabulario de Americanismos

6. *Vocabulario de Americanismos*

Aceite: óleo.

Aceituna: oliva.

Aguacate: aguazate, avocado, palto, paltá.

Ajo: chalote.

Albahaca: alfábega, alábega.

Albóndiga: boduque.

Alcachofa: (Argentina) alcaucil.

Alcaparra: pápara.

Aliño: condimento.

Almíbar: jarabe de azúcar, agua dulce, sirope, miel de abeja.

Anchoa: anchova, boquerón.

Apio: (Colombia, Panamá y Venezuela) Arracachá, celeri, esmirno, panul, perejil, macedonio.

Arenque: alosa, arecón, sábalo.

Arroz: casulla, macho, palay.

Atún: abácora, albácora, bonito.

Azafrán: bijol, color, brin, croco.

Azúcar glass: (Argentina) azúcar glacé.

Bacalao: abadejo.

Bacon: tocino ahumado, panceta ahumada, tocineta.

Batata: boniato, camote.

Bechamel: besamel, besamela, salsa blanca.

Berros: balsamita.

Besugo: castañeta, Papamosca.

Bizcocho: biscocho, Cauca, Galleta.

Boquerón: anchoita, aladroque, alece, lacha.

Butifarra: salchicha, chorizo.

Caballa: macarela.

Café: tino.

Calabacín: calabacita, zambo, zapallito, hoco, zapallo italiano.

Calabaza: (Colombia, Venezuela.) Auyana, (México) bulo, (Salvador) cutuco.

Callos: can-can, menudo, mondongo, tripa, vientre, guatitas, chinculines, achuras.

Cangrejo: barrilete, jalba, cocolia.

Cangrejo de río: cámbaro, camarón, centola, jabia.

Caracoles: (Ecuador) curro, (México) tote.

Carne magra: lomo.

Carne de vaca: carne de res.

Cebolleta: cebolla cabezona.

Cebollitas: cebollines, cebollino inglés, cebollita cambray.

Cerdo: cebón, cochino, puerco, chuchi, chancho, (Colombia, Argentina) coche, lachón (América Central y México).

Cereza: capulín, capuli.

Cigala: camarón.

Clavo: clavo de olor, clavete.

Col: repollo.

Coliflor: brécol, brocoli.

Comino: alcaravea, kummel.

Condimento: aliño.

Champiñones: setas.

Chipirones: calamares, calamar.

Chirla: almeja pequeña.

Chocolate: cacao, soconusco.

Chorizo: salchicha.

Chuleta: bife.

Confitar: glasear, cristalizar.

Cordero lechal: cordero todavía sin destetar, cordero de leche.

Crema: natillas, flan.

Crema de leche: flor de leche.

Empanada: (Bolivia) llancha.

Endibia: escarola.

Especias: (Chile y México) olor.

Fideos: espaguetis.

Filete: bife, biftec, entrecote, (Argentina) churrasco.

Flan: budin.

Foie-gras: paté.

Frambuesa: mora.

119

Fresa: frutilla.

Gamba: camarón, langostino.

Garbanzos: mulatos.

Gelatina: jaletina, granetina.

Guarnición de verdura: (Colombia) hogao.

Guindilla: ají picante, chile, chile picante.

Guisantes: alverjas (Venezuela), arveja, chicharro, petit pois, poroto.

Harina de maíz: capí, maizena, (Colombia) couma.

Hierbabuena: hierbasana, hierbamenta, huacatey.

Higo: tuna.

Huevo: (México) blanquillo.

Huevos revueltos: (Colombia) pericos.

Jamón: jamón crudo.

Jamón serrano: pernil, jamón crudo.

Jamón York: jamón cocido.

Judías blancas: (México) Frijoles, (Colombia, Venezuela) caraotas, (Chile y Costa Rica) calamacos, porotos y vainitas.

Judías verdes: bajocas, (Argentina) Chauchas.

Lenguado: suela.

Limón: acitrón, bizuaga, (México) lima.

Macarrón: mostachón.

Maíz: abati, cuatequi, canguil, capia.

120

Maizena: capi, maicena (variedad local).

Manojo: bujote.

Mantequilla: (Argentina) manteca.

Manzana: pero, perón (variedad local).

Melocotón: durazno.

Mejillones: moule, (Chile) cholga.

Merluza: corvina.

Miga de pan: borona.

Mostaza: jenabe, mostazo.

Nabo: (Chile) coyocho.

Nata líquida: crema de leche sin batir.

Nata montada: crema batida, chantilly.

Níscalo: mizcalo, champiñón, hongo, robellón, seta.

Níspero: acerola.

Nuez: (Chile) coca.

Pan de molde: pan inglés, pan sandwich, pan cuadrado, pan de caja.

Pan rallado: pan molido.

Páprika: pimentón.

Pasas de Corinto: uva sin carozo, uva pasa.

Pastel: budin.

Patatas: papas.

Pavo: (Guatemala) chumpipe (México voz azteca) guajolote.

Pelar: arruchar.

Pepinillo: pepino pequeño encurtido.

Perifollo: perejil chino.

Pescadilla: merluza pequeña.

Pimentón: ñora, chile poblano.

Pimienta: pebre.

Pimiento: (México) poblano, ñora, chile, ají, conguito, chiltipi-quín, chiltona.

Pimiento rojo: Chile, ají, conguito, chiltona.

Pimiento verde: (México) poblado, nora, (Chile) gualpe.

Piña: ananá, abacaxi.

Pizca: chicote, miringa.

Plátano: banana (Argentina y Paraguay) banano, cambur, pacoba.

Pomelo: pamplemusa, toronja.

Puerro: ajo porro.

Puré de patata: (Chile) naco.

Rape: raspado, pejesapo.

Relleno: recado.

Remolacha: beterrave, betabel, betanaga.

Repollo: col.

Requesón: cuajada.

Romero: rosmarino.

Salchichas: chorizos, cervela moronga.

Salsa picante: mojo (México) mole.

Salsa de tomate: tornatican.

Setas: gongos.

Té: chá.

Ternera: jata, mamón, becerra, chota, novilla, vitela.

Tocino: cuito, lardo, murceo, unto.

Tomates: (México) jitomate.

Torta: panqueca, panqueque, (Venezuela) arepa.

Trufa: criadilla de tierra.

Vainilla: (México) tlixóchitl.

Vino tinto: tinto.

Zanahoria: azanoria

Introducción   4

1. Glosario indispensable   7

2. Pesos y medidas populares   17

3. Trucos para comprar bien   19

4. Mil y una ideas... en general y en particular   35

En general   36

Y en particular   48

5 ¿Qué hay que saber de...?

6. Vocabulario de americanismos